Exercices de Programmation Orientée Objet avec C++

ISBN: 9798332945700

Copyright © 2024 par Haris Tsetsekas

Table des matières

1. Films 5
2. Hôpital 9
3. Hôpital avec des pointeurs 15
4. String & Vector 25
5. Fractions 33
6. Expédition de colis 37
7. Expédition de colis avec persistance 43
8. Assurance 57
9. Reservations 61
10. Déclaration de revenus 81
11. PacMan game 111

1. Films

Nous allons créer un programme qui gère des films et leurs notes. Nous devons enregistrer les informations suivantes sur les films :

- Titre
- Réalisateur
- Durée (en minutes)
- Année de sortie

La classe `Movie` devrait avoir une fonction qui retourne l'âge du film, basé sur l'année actuelle et l'année de sortie.

Pour chaque film, nous devrions également conserver un certain nombre de notes, allant de 0 à 5. De plus, un film de type `Movie` devrait pouvoir calculer la moyenne des notes.

Dans la fonction `main()`, nous devrions créer un certain nombre de Films, ainsi que quelques notes. Ensuite, nous devrions imprimer les détails de chaque film, ainsi que la moyenne des notes.

Solution Proposée

Nous commençons par créer la classe `Movie`:

```
class Movie
{
  string name;
  int year;
  int duration;
  string director;
  vector<int> reviews;

  //more stuff here
};
```

Listing 1-1: Movies.cpp

Ensuite, nous ajoutons deux constructeurs, le constructeur par défaut (default constructor) et le constructeur complet :

```
...
  Movie()
  {
    name = "N/A";
    year = 0;
    duration = 0;
    director = "N/A";
  }
```

```cpp
Movie(string _name, int _year, int _duration, string _director)
{
  name = _name;
  year = _year;
  duration = _duration;
  director = _director;
}
...
```

Listing 1-2: Movies.cpp

Nous n'avons pas besoin d'inclure le vecteur reviews dans aucun des constructeurs: l'objet vectoriel sera automatiquement instancié via le constructeur par défaut du vecteur lors de la création de l'objet Movie.

Ensuite, nous ajoutons les fonctions setter :

```cpp
void setName(string _name)
{
  name = _name;
}

void setYear(int _year)
{
  year = _year;
}

void setDuration(int _duration)
{
  duration = _duration;
}

void setDirector(string _director)
{
  director = _director;
}
```

Listing 1-3: Movies.cpp

Dans les constructeurs et les fonctions mutatrices, nous pouvons définitivement effectuer quelques vérifications sur les valeurs d'entrée, par ex. vérifier que la valeur de l'année est supérieure à 1900. Nous laisserons cette fonctionnalité pour des projets ultérieurs, où nous introduirons l'interaction avec l'utilisateur.

Concernant le vecteur des notes, nous ajoutons deux fonctions : un pour insérer un note dans le vecteur et un autre pour calculer la note moyenne:

```cpp
void addReview(int score)
{
  if (score >= 0 && score <= 5)
    reviews.push_back(score);
  else
    cout << "invalid review score";
```

```cpp
}
float getReviewAverage()
{
  float sum = 0.0;
  for (int i = 0; i < reviews.size(); i++)
  {
    sum += reviews[i];
  }

  if (reviews.size() > 0)
    return sum / reviews.size();
  else
    return 0;
}
```
Listing 1-4: Movies.cpp

Ensuite, nous ajoutons une fonction pour calculer l'âge du film :

```cpp
int getAge()
{
  time_t now = time(0);
  tm local_time;
  localtime_s(&local_time, &now);
  int current_year = local_time.tm_year + 1900;
  return current_year - year;
}
```
Listing 1-5: Movies.cpp

Pour obtenir l'année en cours du système, nous utilisons la bibliothèque <time>. Nous prenons d'abord le nombre total de secondes à partir du 1er janvier 1970 (variable now), puis nous remplissons la structure local_time avec les détails complets de la date et de l'heure.

Enfin, nous ajoutons une fonction pour afficher tous les détails du film sur la console :

```cpp
void display()
{
  cout << "-------------------------------" << endl;
  cout << "Movie info: " << endl;
  cout << "Name: " << name << endl;
  cout << "Release Year: " << year << "(age: "<< getAge() << ")" << endl;
  cout << "Duration: " << duration << endl;
  cout << "Director: " << director << endl;
  cout << "Reviews: " ;
  for(int i=0; i < reviews.size(); i++)
  {
    cout << reviews[i] << " ";
  }
  cout << endl << "Reviews average: " << getReviewAverage() << endl;
  cout << "-------------------------------" << endl;
}
```

Listing 1-6: Movies.cpp

Dans la fonction principale, nous créons quelques objets `Movie` et nous testons leur fonctionnalité:

```cpp
int main()
{
  Movie m1;
  Movie m2("Hunger Games", 2012, 142, "Gary Ross");
  m2.addReview(5);
  m2.addReview(4);
  m2.addReview(6);

  Movie m3(m2);
  m1.display();
  m2.display();
  m3.display();
}
```

Listing 1-7: Movies.cpp

Vous pouvez trouver ce projet sur GitHub:

https://github.com/htset/cpp_oop_exercises/tree/master/Movies

2. Hôpital

Dans ce projet, nous allons créer une application console qui gérera les patients dans un hôpital.

L'hôpital se compose de cliniques (par exemple, chirurgie). Nous devons enregistrer le nom de la clinique et le nom de son directeur.

Pour chaque patient, nous allons maintenir les informations suivantes :

- Nom et prénom du patient
- Année de naissance
- La clinique où le patient a été admis
- Numéro de chambre
- Une liste de mesures (température et date/heure de la mesure)

La classe `Patient` devrait pouvoir retourner la température maximale enregistrée pour un patient. Elle devrait également afficher les informations complètes sur un patient (et la clinique respective).

Dans la fonction principale, nous devrions créer un certain nombre de cliniques et de patients, ainsi qu'ajouter quelques mesures à chaque patient. Ensuite, nous devrions pouvoir changer le nom du directeur d'une clinique, ainsi que déplacer un patient vers une nouvelle clinique.

Solution Proposée

Nous commençons par la définition de la classe `Clinic`:

```cpp
#pragma once
#include <iostream>
using namespace std;

class Clinic
{
protected:
  string name;
  string director;

public:
  Clinic(string _name, string _director);
  Clinic();
  void setDirector(string _director);
  void display();
};
```

Listing 2-1: Clinic.h

`#pragma once` est une directive de préprocesseur non standard mais largement utilisée qui permet d'inclure le fichier source actuel une seule fois dans un programme C++. De cette manière, nous évitons les erreurs de compilation causées par une inclusion multiple de fichiers d'en-tête dans notre projet. `#pragma once` est similaire aux gardes d'inclusion (*include guards*, comme `#ifndef` et `#endif`). Nous verrons des exemples avec des gardes d'inclusion dans un exercice ultérieur.

L'implémentation de la classe Clinic est la suivante :

```cpp
#include "Clinic.h"

Clinic::Clinic(string _name, string _director)
{
  name = _name;
  director = _director;
}

Clinic::Clinic()
{
  name = "N/A";
  director = "N/A";
}

void Clinic::display()
{
  cout << "----Clinic ---- " << endl;
  cout << "Name: " << name << endl;
  cout << "Director: " << director << endl;
}

void Clinic::setDirector(string _director)
{
  director = _director;
}
```

Listing 2-2: Clinic.cpp

Nous procédons à la définition de la classe `Patient`:

```cpp
#pragma once
#include <iostream>
#include <vector>
#include "Measurement.h"
#include "Clinic.h"

using namespace std;

class Patient
{
  string name;
  string surname;
  int yearOfBirth;
  Clinic* clinic;
```

```cpp
    string room;
    vector<Measurement> pm;
public:
    Patient(string _name, string _surname, int _yearOfBirth,
        Clinic* _clinic, string _room);
    Patient();
    Patient(const Patient& copy);
    void setName(string _name);
    void setSurname(string _surname);
    void setYearOfBirth(int _yearOfBirth);
    void setClinic(Clinic* _clinic);
    void setRoom(string _room);
    void insertMeasurement(Measurement m);
    void insertMeasurement(float _temp, string _date);
    double maxTemp();
    void display();
    int getAge();
};
```

Listing 2-3: Patient.h

Il y a deux choses à mentionner ici: Tout d'abord, l'objet Patient conserve un pointeur vers un objet Clinic (au lieu de contenir directement un objet Clinic). De cette manière, plusieurs objects Patient peuvent pointer vers le même objet Clinic (les patients d'une même clinique). Imaginez ce qui se passerait si chaque Patient contenait son propre objet Clinic: si le directeur de la clinique changeait, nous devrions trouver et modifier tous les objets Clinic. C'est un exemple d'*Agrégation*: nous conservons des pointeurs vers des objets externes qui sont liés à l'objet en question.

L'opposé de l'Agrégation est la *Composition* : c'est lorsqu'un objet contient d'autres objets à l'intérieur de lui-même. C'est le cas du vecteur des mesures (pm). La mesure de la température prise pour un patient est étroitement liée au patient et n'a aucun sens sans lui. Si l'objet Patient est supprimé, il est également acceptable de supprimer les informations de température.

Passons maintenant à la définition de la classe simple Measurement:

```cpp
#pragma once
#include <iostream>

using namespace std;

class Measurement
{
public:
    double temp;
    string date;

    Measurement(double _temp, string _date);
    Measurement();
```

```cpp
    void print();
};
```
Listing 2-4: Measurement.h

Notez que nous avons choisi d'utiliser une chaîne de caractères pour la date pour des raisons de simplicité. Voici l'implémentation de la classe:

```cpp
#include "Measurement.h"

Measurement::Measurement(double _temp, string _date)
  : temp(_temp), date(_date) { }

Measurement::Measurement()
  : temp(0), date("N/A") { }

void Measurement::print()
{
  cout << "Date: " << date << ", temperature: " << temp << endl;
}
```
Listing 2-5 Measurement.cpp

Voici une autre façon d'initialiser les paramètres d'une classe: la liste d'initialisation.

Maintenant, pour l'implémentation de la classe `Patient`, nous commençons par ajouter les constructeurs:

```cpp
#include "Patient.h"
#include "Clinic.h"

Patient::Patient(string _name, string _surname, int _yearOfBirth,
  Clinic* _clinic, string _room)
{
  name = _name;
  yearOfBirth = _yearOfBirth;
  clinic = _clinic;
  room = _room;
}

Patient::Patient()
{
  name = "N/A";
  surname = "N/A";
  yearOfBirth = 0;
  clinic = NULL;
  room = "N/A";
}
```
Listing 2-6: Patient.cpp

Ensuite, nous avons le setter pour la clinique et deux fonctions pour l'insertion des mesures:

```cpp
void Patient::setClinic(Clinic* _clinic)
{
  clinic = _clinic;
}

void Patient::insertMeasurement(Measurement m)
{
  pm.push_back(m);
}

void Patient::insertMeasurement(double _temp, string _date)
{
  Measurement m(_temp, _date);
  pm.push_back(m);
}
```

Listing 2-7: Patient.cpp

Ensuite, nous implémentons une fonction d'affichage, ainsi que les fonctions pour obtenir la température maximale enregistrée et l'âge du patient:

```cpp
double Patient::maxTemp()
{
  double maxt = 0.0;
  for (int j = 0; j < pm.size(); j++)
  {
    if (pm[j].temp > maxt)
      maxt = pm[j].temp;
  }

  return maxt;
}

void Patient::display()
{
  cout << "-----Patient info: ------" << endl;
  cout << "Name: " << name << " " << surname << endl;
  cout << "Birth year: " << yearOfBirth << endl;
  cout << "Room: " << room << endl;
  cout << "Measurements: " << endl;

  for (int j = 0; j < pm.size(); j++)
    pm[j].print();

  if (clinic != nullptr)
    clinic->display();
  else
    cout << "No clinic! " << endl;

}

int Patient::getAge()
{
  time_t now = time(0);
```

```
    tm local_time;
    localtime_s(&local_time, &now);
    int current_year = local_time.tm_year + 1900;
    return current_year - yearOfBirth;
}
```

Listing 2-8: Patient.cpp

Finalement, dans la fonction `main()`, nous définissons plusieurs cliniques, patients et mesures. Notez comment nous changeons le nom du directeur de la clinique de chirurgie dans un seul bloc de code. De plus, nous pouvons déplacer un patient vers une autre clinique simplement en assignant le pointeur d'un autre objet Clinic.

```
#include <iostream>
#include "Patient.h"

vector<Patient> patients;

int main()
{
    Clinic c1("Surgery", "A. Dobbs");
    Clinic c2("Cardiology", "B. Smith");
    Clinic c3("Orthopedics", "C. Stubbs");

    Patient p1("John", "Doe", 1970, &c1, "303");
    Patient p2("Jane", "Doe", 1985, &c2, "306");
    Patient p3("Jimmy", "Doe", 1956, &c2, "306");

    p1.insertMeasurement(Measurement(37.5, "01/01/2023 00:00"));
    p1.insertMeasurement(Measurement(38.1, "01/01/2023 06:00"));
    p1.insertMeasurement(Measurement(37.9, "01/01/2023 09:00"));

    p2.insertMeasurement(Measurement(36.5, "01/01/2023 00:00"));
    p2.insertMeasurement(Measurement(38.0, "01/01/2023 06:00"));

    p3.insertMeasurement(Measurement(39.5, "01/01/2023 00:00"));
    p3.insertMeasurement(Measurement(39.1, "01/01/2023 06:00"));

    p3.setClinic(&c3);
    c1.setDirector("D. Jones");

    p1.display();
    p2.display();
    p3.display();
}
```

Listing 2-9: Hospital.cpp

Vous pouvez trouver ce projet sur GitHub:

https://github.com/htset/cpp_oop_exercises/tree/master/Hospital

3. Hôpital avec des pointeurs

Réécrivons le projet Hospital de sorte que les classes string et vector soient remplacées respectivement par des chaînes de style C et des tableaux.

Solution Proposée

Tout d'abord, nous modifions la classe Clinic:

```cpp
#pragma once
#include <iostream>
using namespace std;

class Clinic
{
protected:
  char* name;
  char* director;

public:
  Clinic(const char* _name, const char* _director);
  Clinic();
  Clinic(const Clinic&);
  Clinic& operator=(const Clinic& c);
  ~Clinic();

  void setDirector(const char* _director);
  void display();
};
```

Listing 3-1: Clinic.h

Veuillez noter que nous avons ajouté notre propre implémentation du constructeur de copie, de l'opérateur d'affectation et du destructeur.

Lorsque notre classe contient des pointeurs, nous devons gérer activement la mémoire allouée. En essence, nous devrions implémenter nous-mêmes les trois fonctions suivantes (en plus des constructeurs):

- Constructeur de copie
- Opérateur d'affectation
- Destructeur

Ceci est appelé la Règle des Trois: c'est une règle pratique que nous devrions suivre lorsque notre classe est non-triviale (par exemple, lorsqu'elle contient des pointeurs). Si nous omettons de fournir l'une de ces fonctions, notre programme risque probablement de rencontrer des échecs à un moment donné, tôt ou tard.

En C++ moderne (versions C++11 et ultérieures), où les sémantiques de déplacement ont été introduites, la Règle des Cinq est définie. Ici, nous devrions également implémenter:

- Constructeur de déplacement
- Opérateur d'affectation par déplacement

Pour nos exercices, nous nous en tiendrons à la règle des trois, car nous n'utiliserons pas les sémantiques de déplacement.

Ces fonctions sont implémentées comme suit:

```cpp
#include "Clinic.h"

Clinic::Clinic(const char* _name, const char* _director)
{
  name = new char[strlen(_name) + 1];
  strcpy_s(name, strlen(_name) + 1, _name);
  director = new char[strlen(_director) + 1];
  strcpy_s(director, strlen(_director) + 1, _director);
}

Clinic::Clinic()
{
  name = new char[1];
  name[0] = '\0';
  director = new char[1];
  director[0] = '\0';
}

Clinic::Clinic(const Clinic& c)
{
  name = new char[strlen(c.name) + 1];
  strcpy_s(name, strlen(c.name) + 1, c.name);
  director = new char[strlen(c.director) + 1];
  strcpy_s(director, strlen(c.director) + 1, c.director);
}

Clinic& Clinic::operator=(const Clinic& c)
{
  name = new char[strlen(c.name) + 1];
  strcpy_s(name, strlen(c.name) + 1, c.name);
  director = new char[strlen(c.director) + 1];
  strcpy_s(director, strlen(c.director) + 1, c.director);

  return *this;
}

Clinic::~Clinic()
{
  delete[] name;
  delete[] director;
}
```

Listing 3-2: Clinic.cpp

Dans les constructeurs et l'opérateur d'affectation, nous réservons une quantité de mémoire suffisante pour contenir les chaînes de caractères du nom de la clinique et du directeur. Nous devons réserver un octet supplémentaire pour le caractère de terminaison de la chaîne ('\0').

De plus, nous utilisons la fonction sécurisée de copie de chaîne (strcpy_s) où nous spécifions le nombre exact de caractères à copier.

Nous devons également créer le destructeur afin de libérer la mémoire réservée.

La suite de l'implémentation de la classe Clinic est la suivante:

```cpp
void Clinic::display()
{
  cout << "----Clinic ---- " << endl;
  cout << "Name: " << name << endl;
  cout << "Director: " << director << endl;
}

void Clinic::setDirector(const char* _director)
{
  if (director != nullptr)
    delete[] director;

  director = new char[strlen(_director) + 1];
  strcpy_s(director, strlen(_director) + 1, _director);
}
```
Listing 3-3: Clinic.cpp

Nous procédons à la définition de la classe Patient:

```cpp
#pragma once
#include <iostream>
#include <vector>
#include "Measurement.h"
#include "Clinic.h"

using namespace std;

class Patient
{
  char* name;
  char* surname;
  int yearOfBirth;
  Clinic* clinic;
  char* room;
  Measurement pm[10];
  size_t index;

public:
  Patient(const char* _name, const char* _surname, int _yearOfBirth,
    Clinic* _clinic, const char* _room);
```

```cpp
    Patient();
    Patient(const Patient&);
    Patient& operator=(const Patient&);
    ~Patient();
    void setClinic(Clinic* _clinic);
    void insertMeasurement(Measurement m);
    void insertMeasurement(float _temp, const char* _date);
    double maxTemp();
    void display();
    int getAge();
};
```

Listing 3-4: Patient.h

Ici encore, nous implémentons les constructeurs nécessaires, le destructeur et l'opérateur d'affectation, car la classe Patient contient également des pointeurs:

```cpp
Patient::Patient(const char* _name, const char* _surname, int _yearOfBirth,
    Clinic* _clinic, const char* _room)
{
  name = new char[strlen(_name) + 1];
  strcpy_s(name, strlen(_name) + 1, _name);
  surname = new char[strlen(_surname) + 1];
  strcpy_s(surname, strlen(_surname) + 1, _surname);
  yearOfBirth = _yearOfBirth;
  clinic = _clinic;
  room = new char[strlen(_room) + 1];
  strcpy_s(room, strlen(_room) + 1, _room);
  index = 0;
}

Patient::Patient()
{
  name = new char[1];
  name[0] = '\0';
  surname = new char[1];
  surname[0] = '\0';
  yearOfBirth = 0;
  clinic = nullptr;
  room = new char[1];
  room[0] = '\0';
  index = 0;
}

Patient::Patient(const Patient& p)
{
  name = new char[strlen(p.name) + 1];
  strcpy_s(name, strlen(p.name) + 1, p.name);
  surname = new char[strlen(p.surname) + 1];
  strcpy_s(surname, strlen(p.surname) + 1, p.surname);
  yearOfBirth = p.yearOfBirth;
  clinic = p.clinic;
  room = new char[strlen(p.room) + 1];
```

```
  strcpy_s(room, strlen(p.room) + 1, p.room);

  for (int i = 0; i < p.index; i++)
    pm[i] = p.pm[i];

  index = p.index;
}

Patient& Patient::operator=(const Patient& p)
{
  name = new char[strlen(p.name) + 1];
  strcpy_s(name, strlen(p.name) + 1, p.name);
  surname = new char[strlen(p.surname) + 1];
  strcpy_s(surname, strlen(p.surname) + 1, p.surname);
  yearOfBirth = p.yearOfBirth;
  clinic = p.clinic;
  room = new char[strlen(p.room) + 1];
  strcpy_s(room, strlen(p.room) + 1, p.room);

  for (int i = 0; i < p.index; i++)
    pm[i] = p.pm[i];

  index = p.index;

  return *this;
}

Patient::~Patient()
{
  delete[] name;
  delete[] surname;
  delete[] room;

  //do not delete clinic!!
}
```

Listing 3-5: Patient.cpp

Notez que nous traitons le pointeur vers `Clinic` d'une manière différent: nous ne réservons pas de mémoire pour lui et nous ne le supprimons certainement pas. C'est parce que l'objet `Clinic` existe en dehors de l'objet `Patient` et continuera d'exister même si cet objet `Patient` est détruit.

Ensuite, nous ajoutons les autres fonctions de la classe `Patient`:

```
void Patient::setClinic(Clinic* _clinic)
{
  clinic = _clinic;
}

void Patient::insertMeasurement(Measurement m)
{
  if (index < 10)
```

```cpp
      pm[index++] = m;
    else
      cout << "measurement array full" << endl;
}

void Patient::insertMeasurement(float _temp, const char* _date)
{
  Measurement m(_temp, _date);
  if (index < 10)
    pm[index++] = m;
  else
    cout << "measurement array full" << endl;
}

double Patient::maxTemp()
{
  double maxt = 0.0;
  for (int j = 0; j < index; j++)
  {
    if (pm[j].temp > maxt)
      maxt = pm[j].temp;
  }

  return maxt;
}

void Patient::display()
{
  cout << "-----Patient info: ------" << endl;
  cout << "Name: " << name << " " << surname << endl;
  cout << "Birth year: " << yearOfBirth << endl;
  cout << "Room: " << room << endl;
  cout << "Measurements: " << endl;

  for (int j = 0; j < index; j++)
    pm[j].print();

  cout << "Max temp: " << maxTemp() << endl;

  if (clinic != nullptr)
    clinic->display();
  else
    cout << "No clinic! " << endl;

}

int Patient::getAge()
{
  time_t now = time(0);
  tm local_time;
  localtime_s(&local_time, &now);
  int current_year = local_time.tm_year + 1900;
  return current_year - yearOfBirth;
}
```

Listing 3-6: Patient.cpp

Pour des raisons de simplicité, nous avons choisi d'utiliser un tableau de 10 mesures plutôt que d'avoir une structure plus dynamique similaire à un vecteur.

La classe Measurement est définie comme suit:

```cpp
#pragma once
#include <iostream>

using namespace std;

class Measurement
{
public:
  double temp;
  char* date;

  Measurement(double _temp, const char* _date);
  Measurement();
  Measurement(const Measurement&);
  Measurement& operator=(const Measurement& m);
    ~Measurement();
  void print();
};
```

Listing 3-7: Measurement.h

L'implémentation de la classe Measurement suit les mêmes directives en matière de sécurité des pointeurs:

```cpp
#include "Measurement.h"

Measurement::Measurement(double _temp, const char* _date)
{
  temp = _temp;
  date = new char[strlen(_date) + 1];
  strcpy_s(date, strlen(_date) + 1, _date);
}

Measurement::Measurement()
{
  temp = 0;
  date = new char[1];
  date[0] = '\0';
}

Measurement::Measurement(const Measurement& m)
{
  temp = m.temp;
  date = new char[strlen(m.date) + 1];
  strcpy_s(date, strlen(m.date) + 1, m.date);
}
```

```cpp
Measurement& Measurement::operator=(const Measurement& m)
{
  temp = m.temp;
  date = new char[strlen(m.date) + 1];
  strcpy_s(date, strlen(m.date) + 1, m.date);
  return *this;
}

Measurement::~Measurement()
{
  delete[] date;
}

void Measurement::print()
{
  cout << "Date: " << date << ", temperature: " << temp << endl;
}
```

Listing 3-8: Measurement.cpp

Enfin, dans la fonction main(), nous créons un tableau d'objets Patient et nous insérons des objets Patient avec leurs mesures et les cliniques auxquelles ils appartiennent:

```cpp
#include <iostream>
#include "Patient.h"

int main()
{
  Clinic c1("Surgery", "A. Dobbs");
  Clinic c2("Cardiology", "B. Smith");
  Clinic c3("Orthopedics", "C. Stubbs");

  Patient p[3];
  p[0] = Patient("John", "Doe", 1970, &c1, "303");
  p[1] = Patient("Jane", "Doe", 1985, &c2, "306");
  p[2] = Patient("Jimmy", "Doe", 1956, &c2, "306");

  p[0].insertMeasurement(Measurement(37.5, "01/01/2023 00:00"));
  p[0].insertMeasurement(Measurement(38.1, "01/01/2023 06:00"));
  p[0].insertMeasurement(Measurement(37.9, "01/01/2023 09:00"));

  p[1].insertMeasurement(Measurement(36.5, "01/01/2023 00:00"));
  p[1].insertMeasurement(Measurement(38.0, "01/01/2023 06:00"));

  p[2].insertMeasurement(Measurement(39.5, "01/01/2023 00:00"));
  p[2].insertMeasurement(Measurement(39.1, "01/01/2023 06:00"));

  p[2].setClinic(&c3);
  c1.setDirector("D. Jones");

  for (int i = 0; i < 3; i++)
    p[i].display();
}
```

Listing 3-9: HospitalPointers.cpp

Comme exercice, vous pouvez essayer de commenter des portions du code pour voir ce qui se passe. Par exemple, vous pourriez omettre l'opérateur d'affectation de la classe Measurement. À un moment donné, nous insérons une nouvelle mesure dans le tableau avec la fonction suivante:

```
void Patient::insertMeasurement(Measurement m)
{
  if (index < 10)
    pm[index++] = m;
  else
    cout << "measurement array full" << endl;
}
```
Listing -3-10: Patient.cpp

Dans cette fonction, nous assignons l'objet de mesure m à l'objet qui réside à la position index à l'intérieur du tableau pm. Comme nous avons omis l'opérateur d'affectation, nous aurons une copie superficielle de l'objet. Cela signifie que le pointeur date à l'intérieur de l'objet m sera copié dans le pointeur date de l'objet de destination.

En conséquence de cette opération, les deux objets pointeront vers la même mémoire. Lorsqu'un des deux objets est détruit, cette mémoire sera libérée par le destructeur et l'autre objet pointera vers une mémoire libérée. Lorsque ce dernier objet essaiera d'accéder à cette mémoire pour en modifier le contenu (sans savoir qu'elle a été libérée), notre programme va crasher.

Vous pouvez trouver ce projet sur GitHub

https://github.com/htset/cpp_oop_exercises/tree/master/HospitalPointers

4. String & Vector

Pour cet exercice, nous devrions implémenter nos propres classes string et vector.

Solution Proposée

Nous commençons par la nouvelle classe de chaîne. La classe MyString encapsule une chaîne de style C. Voyons les fonctionnalités qu'elle implémente:

```cpp
#include <iostream>
using namespace std;

class MyString
{
  char* str;

public:
  MyString();
  MyString(const char* s);
  MyString(const MyString& s);
  ~MyString();
  MyString& operator=(const MyString& s);
  MyString& operator=(const char* s);
  MyString operator+(const MyString s);
  MyString operator+(const char* s);
  bool operator==(const MyString s);
  char& operator[](size_t pos);
  size_t length();
  friend ostream& operator<<(ostream&, const MyString&);
  friend istream& operator>>(istream&, MyString&);
};
```

Listing 4-1: MyString.h

Dans les constructeurs, nous réservons un espace mémoire pour un caractère supplémentaire, le caractère de terminaison de la chaîne ('\0'):

```cpp
#include "MyString.h"

MyString::MyString()
{
  str = new char[1];
  str[0] = '\0';
}

MyString::MyString(const char* s)
{
  size_t length = strlen(s);
  str = new char[length + 1]; // +1 for '\0' character
  strcpy_s(str, length + 1, s);
}

MyString::MyString(const MyString& s)
{
```

```cpp
  size_t length = strlen(s.str);
  str = new char[length + 1];
  strcpy_s(str, length + 1, s.str);
}

MyString::~MyString()
{
  delete[] str;
}
```

Listing 4-2 : MyString.cpp

Ensuite, nous définissons l'opérateur d'affectation, à la fois à partir d'un objet `MyString` et d'une chaîne de style C :

```cpp
MyString& MyString::operator=(const MyString& s)
{
  if (str != nullptr)
    delete[]str;

  size_t length = strlen(s.str);
  str = new char[length + 1];
  strcpy_s(str, length + 1, s.str);

  return *this;
}

MyString& MyString::operator=(const char* s)
{
  if (str != nullptr)
    delete[]str;

  size_t length = strlen(s);
  str = new char[length + 1];
  strcpy_s(str, length + 1, s);

  return *this;
}
```

Listing 4-3 : MyString.cpp

De la même manière, nous implémentons deux versions de l'opérateur d'ajout (+) :

```cpp
MyString MyString::operator+(const MyString s)
{
  size_t length1 = strlen(str);
  size_t length2 = strlen(s.str);
  size_t total_length = length1 + length2 + 1;

  char* temp_str = new char[total_length];
  strcpy_s(temp_str, total_length, str);
  strcat_s(temp_str, total_length, s.str);

  MyString temp(temp_str);
```

```cpp
    return temp;
}

MyString MyString::operator+(const char* s)
{
  size_t length1 = strlen(str);
  size_t length2 = strlen(s);
  size_t total_length = length1 + length2 + 1;

  char* temp_str = new char[total_length];
  strcpy_s(temp_str, total_length, str);
  strcat_s(temp_str, total_length, s);

  MyString temp(temp_str);

  return temp;
}
```
Listing 4-4: MyString.cpp

L'opérateur d'égalité compare deux objets MyString:

```cpp
bool MyString::operator==(const MyString s)
{
  return strcmp(str, s.str) == 0;
}
```
Listing 4-5: MyString.cpp

L'opérateur d'accès ([]) envoie une référence à un élément du tableau de caractères à l'intérieur de MyString. Cela nous permettra de modifier un caractère dans notre chaîne:

```cpp
char& MyString::operator[](size_t pos)
{
    return str[pos];
}
```
Listing 4-6: MyString.cpp

La fonction length() renvoie la taille de la chaîne:

```cpp
size_t MyString::length()
{
  return strlen(str);
}
```
Listing 4-7: MyString.cpp

Enfin, nous définissons les opérateurs de décalage (<< et >>) qui sont utilisés pour afficher notre chaîne et obtenir une entrée depuis la console respectivement. Ces opérateurs sont définis en tant que fonctions friend de notre classe:

```cpp
ostream& operator<<(ostream& output, const MyString& s)
```

```
{
  output << s.str;
  return output;   // for multiple << operator chaining
}

istream& operator >> (istream& input, MyString& s)
{
  char input_string[200];

  input >> input_string;

  if (s.str != nullptr)
    delete[]s.str;

  s.str = new char[strlen(input_string) + 1];
  strcpy_s(s.str, strlen(input_string) + 1, input_string);

  return input;
}
```

Listing 4-8: MyString.cpp

Maintenant, passons à notre classe de vecteur, MyVector. Les templates comme MyVector doivent être implémentés uniquement dans un fichier d'en-tête. Si nous divisons notre code en fichiers .h et .cpp, nous obtiendrons une *link error* car le compilateur a besoin d'accéder à l'implémentation des méthodes du template.

MyVector offre les fonctionnalités suivantes:

```
#pragma once
#include <iostream>
#define SIZE_INCREMENT 10
using namespace std;

template <class T>
class MyVector
{
      T* vec;
      size_t length;
      size_t capacity;

public:
      MyVector();
      MyVector(int _capacity);
      MyVector(MyVector& mv);
      ~MyVector();
      void push_back(T item);
      void pop_back();
      T& operator[](size_t pos);
      size_t size();
};
```

Listing 4-9: MyVector.h

Constructeurs et destructeur:

```
template <class T>
MyVector<T>::MyVector()
{
    vec = new T[SIZE_INCREMENT];
    capacity = SIZE_INCREMENT;
    length = 0;
}

template <class T>
MyVector<T>::MyVector(int _capacity)
{
    vec = new T[_capacity];
    capacity = _capacity;
    length = 0;
}

template <class T>
MyVector<T>::MyVector(MyVector& mv)
{
    vec = new T[mv.capacity];
    capacity = mv.capacity;
    length = mv.length;

    for (int i = 0; i < mv.length; i++)
    {
        vec[i] = mv.vec[i];
    }
}

template <class T>
MyVector<T>::~MyVector()
{
    delete[] vec;
}
```

Listing 4-10: MyVector.h

Ensuite, nous implémentons les fonctions push_back() et pop_back(). Notez que lorsque le tableau à l'intérieur du vecteur atteint sa limite, nous créons alors un nouveau tableau temporaire plus grand et y copions tous les éléments existants. Ensuite, nous échangeons les pointeurs:

```
template <class T>
void MyVector<T>::push_back(T item)
{
    if (length < capacity)
    {
        vec[length++] = item;
    }
    else
```

```cpp
        {
            //create a new bigger array
            T* new_vec = new T[capacity + SIZE_INCREMENT];

            //copy items to the new array
            for (int i = 0; i < capacity; i++)
                new_vec[i] = vec[i];

            //swap array pointers
            T* temp = vec;
            vec = new_vec;

            //delete old array
            delete[]temp;

            //now, add the new item
            vec[length++] = item;
        }
}

template <class T>
void MyVector<T>::pop_back()
{
        if(length > 0)
            length--;
}
```

Listing 4-11: MyVector.h

Enfin, nous ajoutons l'opérateur [ ] et la fonction size():

```cpp
template <class T>
T& MyVector<T>::operator[](size_t pos)
{
        return vec[pos];
}

template <class T>
size_t MyVector<T>::size()
{
        return length;
}
```

Listing 4-12: MyVector.h

Dans la fonction main(), nous jouons avec nos nouvelles classes:

```cpp
#include <iostream>
#include "MyString.h"
#include "MyVector.h"
#define DEFAULT_SIZE 10
using namespace std;

int main()
```

```cpp
{
  MyString ms1;
  MyString ms2("hello world");
  MyString ms3(ms2);
  MyString ms4 = ms2 + ms3;

  cout << ms4 << endl;
      cout << "Please type \"hello\": ";
  cin >> ms1;

  if (ms1 == "hello")
    cout << "thanks!" << endl;
  else
    cout << "You did not insert \"hello\"" << endl;

  ms2[0] = 'H';
  cout << ms2 << endl;

  cout << "Vector" << endl;
  MyVector<MyString> v;
  v.push_back(ms1);
  v.push_back(ms2);
  v.push_back(ms3);
  v.push_back(ms4);

  for (int i = 0; i < v.size(); i++)
  {
    cout << v[i] << endl;
  }

  return 0;
}
```

Listing 4-13: Main.cpp

Vous pouvez trouver ce projet sur GitHub:

https://github.com/htset/cpp_oop_exercises/tree/master/String_Vector

5. Fractions

Nous allons créer une classe qui représente les fractions, c'est-à-dire des nombres sous la forme x/y. Nous surchargerons les opérateurs +, -, ++ (à la fois préfixe et postfixe). Nous lèverons également une exception lorsque le dénominateur est égal à 0.

Solution Proposée

La classe `Fraction` contient deux paramètres, le numérateur et le dénominateur de la fraction:

```cpp
class Fraction
{
private:
  int nom; //nominator
  int denom; //denominator

public:
  ...
}
```

Listing 5-1: Fraction.cpp

Dans le constructeur, nous nous assurons de ne pas avoir un dénominateur nul, en lançant une exception:

```cpp
  Fraction()
  {
    nom = 0;
    denom = 1;
  }

  Fraction(int _nom, int _denom)
  {
    if (_denom == 0)
    {
      throw exception("Zero denominator!");
    }
    else
      denom = _denom;

    nom = _nom;
  }

  void display()
  {
    cout << nom << "/" << denom << endl;
  }
```

Listing 5-2: Fraction.cpp

Ensuite, nous implémentons les opérateurs ++ unaires:

```cpp
Fraction operator++() //prefix
{
  nom = nom + denom;
  return Fraction(nom, denom);

  /*
  //alternative implementation:
  nom = nom + denom;
  return *this;
  */
}

Fraction operator++(int) //postfix
{
  Fraction temp(nom, denom);
  nom = nom + denom;
  return temp;
}
```
Listing 5-3: Fraction.cpp

Ensuite, nous définissons les fonctions d'addition et de soustraction. Notez que nous créons deux versions pour chaque opérateur (pour l'addition à une Fraction et à un int):

```cpp
Fraction operator + (Fraction f)
{
  Fraction temp;
  temp.denom = denom * f.denom;
  temp.nom = nom * f.denom + denom * f.nom;
  return temp;
}

Fraction operator + (int x)
{
  Fraction temp;
  temp.denom = denom;
  temp.nom = nom + x * denom;
  return temp;
}

Fraction operator - (Fraction f)
{
  Fraction temp;
  temp.denom = denom * f.denom;
  temp.nom = nom * f.denom - denom * f.nom;
  return temp;
}

Fraction operator - (int x)
{
  Fraction temp;
  temp.denom = denom;
  temp.nom = nom - x * denom;
  return temp;
```

}
```

Listing 5-4: Fraction.cpp

Enfin, dans la fonction `main()`, nous manipulons des fractions. Notez que toutes les opérations sont effectuées dans un bloc `try-catch`:

```cpp
int main()
{
  try
  {
    Fraction a(1, 2);
    Fraction b(3, 1);
    Fraction c;
    c = a + b;
    c.display();
    c = a + 4;
    c.display();

    Fraction d;
    d = ++a;
    d.display();

    Fraction e;
    e = a++;
    e.display();
  }
  catch (exception ex)
  {
    cout << ex.what();
  }

  return 0;
}
```

Listing 5-5: Fraction.cpp

Vous pouvez trouver ce projet sur GitHub:

https://github.com/htset/cpp_oop_exercises/tree/master/Fraction
```

6. Expédition de colis

Nous allons créer une hiérarchie de classes qui modélise différents types de colis fournis par une société de livraison. Il existe trois types de colis avec des coûts et des délais de livraison différents:

- Colis de base (Base Package): Coûte 5 € par kilo et est livré en 5 jours. Si le poids du colis est supérieur à 10 kilos, alors un jour supplémentaire est nécessaire.
- Colis avancé (Advanced Package): Coûte 6 € par kilo avec des frais supplémentaires de 2 €. Le colis est livré après 2 jours.
- Colis de nuit (Overnight Package): Livré le lendemain et coûte 10 € par kilo.

Nous allons créer notre propre classe Date qui gérera également l'ajout de jours. Dans la fonction principale, nous devrions pouvoir insérer des colis de tous types dans le même tableau. À la fin, nous devrions imprimer tous les colis dans un loop.

Solution Proposée

Tout d'abord, créons notre propre classe Date:

```cpp
#include <iostream>
#include <ctime>
#define BASE_PACKAGE_COST_FACTOR 5
#define BASE_PACKAGE_DAYS 5
#define BASE_PACKAGE_MAX_WEIGHT 10
#define ADVANCED_PACKAGE_COST_FACTOR 5
#define ADVANCED_PACKAGE_COST_SUPPL 2
#define ADVANCED_PACKAGE_DAYS 2
#define OVERNIGHT_PACKAGE_COST_FACTOR 10
#define OVERNIGHT_PACKAGE_DAYS 1

using namespace std;

class Date
{
  int day;
  int month;
  int year;
public:
  Date();
  Date(int _day, int _month, int _year);
  Date addDays(int days);
  friend ostream& operator<<(ostream& output, const Date& s);
};
```

Listing 6-1: PackageShipping.cpp

Les constructeurs de la classe Date sont très simples:

```cpp
Date::Date()
{
```

```
    day = 0;
    month = 0;
    year = 0;
}

Date::Date(int _day, int _month, int _year)
{
    day = _day;
    month = _month;
    year = _year;
}
```
Listing 6-2: PackageShipping.cpp

L'intéressant se trouve dans la fonction `addDays()`:

```
Date Date::addDays(int days)
{
    tm tmp = tm();
    tmp.tm_mday = day;
    tmp.tm_mon = month - 1;
    tmp.tm_year = year - 1900;
    time_t now = mktime(&tmp);

    time_t newSeconds = now + days * (60 * 60 * 24);
    tm newDate;
    localtime_s(&newDate, &newSeconds);

    Date temp;
    temp.day = newDate.tm_mday;
    temp.month = newDate.tm_mon + 1;
    temp.year = newDate.tm_year + 1900;

    return temp;
}
```
Listing 6-3: PackageShipping.cpp

Ici, nous utilisons la bibliothèque `<ctime>`. Tout d'abord, nous convertissons la valeur de la date actuelle en nombre de secondes depuis le 1/1/1970. Ensuite, nous ajoutons les secondes des jours supplémentaires, puis nous reconvertirons les secondes en format de date. Notez que la date actuelle n'est pas modifiée ; nous retournons simplement un nouvel objet `Date`.

Maintenant que cela est clarifié, nous continuons en créant une classe de base abstraite comme racine de la hiérarchie des colis:

```
class Package
{
protected:
    string recipient;
    string address;
    float weight;
```

```
    Date shipmentDate;

public:
  Package(string _recipient, string _address, float _weight, Date _shipmentDate)
  {
    recipient = _recipient;
    address = _address;
    weight = _weight;
    shipmentDate = _shipmentDate;
  }

  Package()
  {
    recipient = "";
    address = "";
    weight = 0;
  }

  virtual float calculateCost() = 0;
  virtual Date calculateDeliveryTime() = 0;
};
```

Listing 6-4: PackageShipping.cpp

La classe `Package` définit deux fonctions *virtuelles pures* qui doivent être implémentées par les classes dérivées.

La classe `BasePackage` implémente la version simple de l'expédition de colis:

```
class BasePackage : public Package
{
public:

  BasePackage(string _recipient, string _address, float _weight, Date _shipmentDate)
    :Package(_recipient, _address, _weight, _shipmentDate)
  {
  }

  BasePackage() :Package()
  {
  }

  float calculateCost()
  {
    return BASE_PACKAGE_COST_FACTOR * weight;
  }

  Date calculateDeliveryTime()
  {
    if(weight <= BASE_PACKAGE_MAX_WEIGHT)
      return shipmentDate.addDays(BASE_PACKAGE_DAYS);
    else
      return shipmentDate.addDays(BASE_PACKAGE_DAYS + 1);
  }
```

```
};
```
Listing 6-5: PackageShipping.cpp

La classe `AdvancedPackage` est un peu différente en ce qui concerne l'implémentation des deux fonctions virtuelles:

```
class AdvancedPackage : public Package
{
public:

  AdvancedPackage(string _recipient, string _address, float _weight,
    Date _shipmentDate)
    :Package(_recipient, _address, _weight, _shipmentDate)
  {
  }

  float calculateCost()
  {
    return ADVANCED_PACKAGE_COST_FACTOR * weight + ADVANCED_PACKAGE_COST_SUPPL;
  }

  Date calculateDeliveryTime()
  {
    return shipmentDate.addDays(ADVANCED_PACKAGE_DAYS);
  }
};
```
Listing 6-6: PackageShipping.cpp

Aussi, nous implémentons la classe `OvernightPackage`:

```
class OvernightPackage : public Package
{
public:
  OvernightPackage(string _recipient, string _address, float _weight,
    Date _shipmentDate)
    :Package(_recipient, _address, _weight, _shipmentDate)
  {
  }

  float calculateCost()
  {
    return OVERNIGHT_PACKAGE_COST_FACTOR * weight;
  }

  Date calculateDeliveryTime()
  {
    return shipmentDate.addDays(OVERNIGHT_PACKAGE_DAYS);
  }
};
```
Listing 6-7: PackageShipping.cpp

L'importance du polymorphisme peut être réalisée dans la fonction `main()`:

```cpp
int main()
{
  Package* p[4];

  p[0] = new BasePackage("John Doe", "12 Main str.", 15, Date(12, 1, 2023));
  p[1] = new BasePackage("Jane Doe", "1 High str.", 9.5, Date(30, 12, 2022));
  p[2] = new AdvancedPackage("Janet Doe", "3 Square dr.", 15, Date(12, 1, 2023));
  p[3] = new OvernightPackage("James Doe", "12 Infinite loop", 1, Date(31, 1, 2023));

  for (int i = 0; i < 4; i++)
  {
    cout << "Package no." << i + 1 << endl;
    cout << "Type: " << typeid(*p[i]).name() << endl;
    cout << "Delivery date: " << p[i]->calculateDeliveryTime() << endl;
    cout << "Cost: " << p[i]->calculateCost() << endl;
  }
  return 0; }
```

Listing 6-8: PackageShipping.cpp

Ici, nous définissons un tableau (qui pourrait aussi être un vecteur) contenant des pointeurs vers des objets `Package`. Cela signifie que nous pouvons également utiliser ce tableau pour pointer vers des objets dérivés de `Package`, tels que `BasePackage`. De cette manière, nous sommes capables de stocker des objets de différents types (mais avec un ancêtre commun) dans le même tableau, et de les traiter de manière uniforme.

Notez également comment nous pouvons déterminer le type de l'objet pointé :

`typeid(*p[i]).name()`

Lorsque `p[i]` pointe vers un objet `BasePackage`, le résultat sera `"class BasePackage"`.

Vous pouvez trouver ce projet sur GitHub:

https://github.com/htset/cpp_oop_exercises/tree/master/PackageShipping

7. Expédition de colis avec persistance

Nous allons poursuivre avec le projet d'expédition de colis en apportant les améliorations suivantes :

- Interaction avec l'utilisateur: Les utilisateurs doivent pouvoir ajouter et supprimer des colis, rechercher des colis (basés sur le nom du destinataire) et lister tous les colis disponibles.
- Persistance des données dans un fichier: Les colis doivent être sauvegardés dans un fichier unique. De plus, lorsque l'application démarre, les colis doivent être chargés à partir du fichier.

Solution Proposée

Puisque le projet devient plus volumineux, nous allons diviser le code en fichiers séparés. Tout d'abord, voyons comment la fonction main() va apparaître:

```cpp
#include "UIService.h"
using namespace std;

int main()
{
  vector<Package*> packages;
  UIService ui(&packages);
  ui.loadFromFile();
  ui.menu();
  return 0;
}
```

Listing 7-1: PackageShipping.cpp

Ici, nous définissons un vecteur qui contiendra des pointeurs vers des objets Package. Nous définissons également une nouvelle classe appelée UIService qui gérera l'interaction avec l'utilisateur. Nous passons le vecteur au constructeur de la classe UIService et nous procédons au chargement des colis depuis le fichier texte. Ensuite, le fonction menu() gère toute l'interaction avec l'utilisateur.

La classe UIService est définie ici:

```cpp
#pragma once
#include <iostream>
#include <fstream>
#include <vector>
#include <ctime>
#include <sstream>
#include "Package.h"
#include "Date.h"
using namespace std;

class UIService
{
```

```cpp
    vector<Package*>* packages;
public:
    UIService(vector<Package*>* _packages);
    void menu();
    void addPackage();
    void searchPackage();
    void deletePackage();
    void listPackages();
    void saveToFile();
    void loadFromFile();
};
```

Listing 7-2: UIPackage.h

Dans le constructeur de la classe, nous stockons le pointeur vers le vecteur de packages; nous l'utiliserons dans les fonctions suivantes.

La fonction `menu()` maintient une loop et propose les options à l'utilisateur:

```cpp
void UIService::menu()
{
    int option;
    do
    {
        cout << "Options: " << endl;
        cout << "1) Add package " << endl;
        cout << "2) Search package " << endl;
        cout << "3) Delete package " << endl;
        cout << "4) View all packages " << endl;
        cout << "0) Exit " << endl;
        cin >> option;
        cin.ignore();

        switch (option)
        {
        case 1:
            addPackage();
            break;
        case 2:
            searchPackage();
            break;
        case 3:
            deletePackage();
            break;
        case 4:
            listPackages();
            break;
        case 0:
            break;
        default:
            cout << "Please type again:";
            break;
        }
```

```
  } while (option != 0);
}
```

Listing 7-3: UIPackage.cpp

La fonction `addPackage()` récupère les informations du colis auprès de l'utilisateur, crée le type de `Package` sélectionné et l'insère dans le vecteur:

```
void UIService::addPackage()
{
  int option;
  string recipient_name, recipient_address;
  float weight;

  cout << "Type of package (1-Basic, 2-Advanced, 3-Overnight)" << endl;
  cin >> option;
  cin.ignore();
  cout << "Recipient name: " << endl;
  getline(cin, recipient_name);
  cout << "Recipient address: " << endl;
  getline(cin, recipient_address);
  cout << "Weight (kilos):" << endl;
  cin >> weight;
  cin.ignore();

  switch (option)
  {
  case 1:
    packages->push_back(new BasePackage(recipient_name, recipient_address,
      weight, Date()));
    saveToFile();
    break;
  case 2:
    packages->push_back(new AdvancedPackage(recipient_name, recipient_address,
      weight, Date()));
    saveToFile();
    break;
  case 3:
    packages->push_back(new OvernightPackage(recipient_name, recipient_address,
      weight, Date()));
    saveToFilc();
    break;
  default:
    break;
  }
}
```

Listing 7-4: UIPackage.cpp

Notez comment nous créons de nouveaux colis à la volée (avec `new`) et comment nous passons leurs pointeurs au vecteur.

Nous pouvons rechercher un colis (ou des colis) en fonction du nom du destinataire et imprimer tous les détails:

```cpp
void UIService::searchPackage()
{
  string recipient_name;
  cout << "Enter recipient name (also partial): ";
  getline(cin, recipient_name);

  for (int i = 0; i < (*packages).size(); i++)
  {
    if ((*packages)[i]->getRecipient().find(recipient_name) != string::npos)
    {
      cout << (*packages)[i]->toString();
    }
  }
}
```

Listing 7-5: UIPackage.cpp

Pour supprimer un colis, nous le recherchons d'abord en fonction du nom du destinataire. Ensuite, nous demandons à l'utilisateur de sélectionner dans une liste le colis à supprimer:

```cpp
void UIService::deletePackage()
{
  string recipient_name;
  cout << "Enter recipient name (also partial): ";
  getline(cin, recipient_name);

  cout << "The following packages were found:" << endl;
  for (int i = 0; i < (*packages).size(); i++)
  {
    if ((*packages)[i]->getRecipient().find(recipient_name) != string::npos)
    {
      cout << "Package no. " << i + 1 << ":" << endl;
      cout << (*packages)[i]->toString();
    }
  }

  int option;
  cout << "Please enter the no. of package to delete (0 to cancel): ";
  cin >> option;
  cin.ignore();

  if (option > 0)
    packages->erase(packages->begin() + option - 1);

  cout << "package deleted" << endl;
  saveToFile();
}
```

Listing 7-6: UIPackage.cpp

La fonction `listPackages()` imprime simplement tous les colis dans le vecteur:

```cpp
void UIService::listPackages()
{
```

```cpp
  for (int i = 0; i < (*packages).size(); i++)
  {
    cout << (*packages)[i]->toString();
  }
}
```

Listing 7-7: UIPackage.cpp

Maintenant, il est temps de voir les fonctions de gestion de fichier. Lorsqu'un nouveau colis est inséré (ou supprimé), nous mettons à jour le fichier texte que nous utilisons pour stocker les colis. La gestion des fichiers en C++ n'est pas facile; il n'y a pas de moyen direct d'insérer du texte au milieu d'un fichier, de manière à ce que le texte restant soit déplacé vers la fin, pour faire de la place pour le nouveau texte.

Ce que nous choisissons de faire ici, c'est de vider le fichier et de le réécrire lorsque nous ajoutons ou supprimons un colis. C'est ce que fait la fonction saveToFile():

```cpp
void UIService::saveToFile()
{
  ofstream ofs("packages.txt");
  for (int i = 0; i < (*packages).size(); i++)
  {
    ofs << (*packages)[i]->serialize();
  }
}
```

Listing 7-8: UIPackage.cpp

Au startup, nous chargeons les informations des colis stockées dans le fichier, nous créons les colis un par un et les stockons dans le vecteur:

```cpp
void UIService::loadFromFile()
{
  packages->clear();

  ifstream ifs("packages.txt", ios::in);
  if (ifs)
  {
    string package_str;
    string temp_str;
    while (getline(ifs, temp_str))
    {
      if (temp_str.find("--") == 0)
      {
        Package* p;
        if (package_str.find("Base Package") == 0)
          p = new BasePackage();
        else if (package_str.find("Advanced Package") == 0)
          p = new AdvancedPackage();
        else if (package_str.find("Overnight Package") == 0)
          p = new OvernightPackage();
        else
        {
```

```
            cout << "error loading packages. Exiting.." << endl;
            exit(0);
        }
        p->deserialize(package_str);
        packages->push_back(p);
        package_str = "";
      }
      else
      {
        package_str += temp_str + "\n";
      }
    }
  }
  else
    cout << "Packages file not found" << endl;
}
```
Listing 7-9: UIPackage.cpp

L'entrée de chaque colis a la forme suivante (ici pour `AdvancedPackage`):

```
Advanced Package
John Doe
1 Main str. Boston
11.3
27/12/2022
--
```
Listing 7-10: text file

Notez que les entrées sont séparées par deux tirets (--) et que sur la première ligne de l'entrée, nous obtenons le type du colis.

Une note concernant la lecture depuis un fichier: Lorsque nous mélangeons l'utilisation de `getline()` et de `>>` pour lire à partir d'un flux (que ce soit basé sur la console ou sur un fichier), nous devrions appeler la fonction `cin.ignore()` après avoir lu avec l'opérateur de décalage vers la droite `>>`. Cet opérateur lira les caractères d'entrée et s'arrêtera avant une nouvelle ligne (ou un espace). Ce caractère de nouvelle ligne ne sera pas consommé, mais restera comme le prochain caractère à être lu par une opération de lecture ultérieure.

Par conséquent, la prochaine fois que nous utilisons `getline()` ou quelque chose de similaire, cette fonction lira uniquement le caractère de nouvelle ligne et s'arrêtera là, provoquant ainsi un comportement indésirable.

Pour résoudre cela, nous utilisons `cin.ignore()` après avoir utilisé l'opérateur de décalage vers la droite afin de retirer le caractère de nouvelle ligne du flux et de l'ignorer complètement. La fonction `getline()` consomme toute la ligne ainsi que le caractère de nouvelle ligne à la fin, donc il n'y a pas de problème de ce côté-là.

Maintenant que cela est clarifié, nous pouvons procéder à la définition de la classe `Package`:

```cpp
#pragma once
#include <iostream>
#include <fstream>
#include <vector>
#include <ctime>
#include <sstream>
#include "Date.h"
#define BASE_PACKAGE_COST_FACTOR 5
#define BASE_PACKAGE_DAYS 5
#define BASE_PACKAGE_MAX_WEIGHT 10
#define ADVANCED_PACKAGE_COST_FACTOR 5
#define ADVANCED_PACKAGE_COST_SUPPL 2
#define ADVANCED_PACKAGE_DAYS 2
#define OVERNIGHT_PACKAGE_COST_FACTOR 10
#define OVERNIGHT_PACKAGE_DAYS 1
using namespace std;

class Package
{
protected:
  string recipient;
  string address;
  float weight;
  Date shipmentDate;

public:
  Package(string _recipient, string _address, float _weight, Date _shipmentDate);
  Package();
  string getRecipient();
  virtual float calculateCost() = 0;
  virtual Date calculateDeliveryTime() = 0;
  virtual string toString() = 0;
  virtual string serialize() = 0;
  virtual void deserialize(string) = 0;
};
```

Listing 7-11: Package.h

Par rapport au projet précédent, nous avons ajouté deux nouvelles fonctions virtuelles, `serialize()` et `deserialize()`, qui gèrent l'écriture et la lecture du colis depuis le fichier texte. Nous avons également remplacé `display()` par une autre fonction (`toString()`) qui retourne une représentation sous forme de chaîne de caractères d'un objet colis, utilisée pour l'affichage sur la console. Enfin, nous avons ajouté un getter pour le nom du destinataire qui sera utile plus tard:

```cpp
#include <iostream>
#include "Package.h"
using namespace std;

Package::Package(string _recipient, string _address, float _weight,
  Date _shipmentDate)
{
  recipient = _recipient;
```

```
    address = _address;
    weight = _weight;
    shipmentDate = _shipmentDate;
}

Package::Package()
{
    recipient = "";
    address = "";
    weight = 0;
}

string Package::getRecipient()
{
    return recipient;
}
```
Listing 7-12: Package.cpp

Voyons maintenant la définition de la classe `BasePackage`:

```
class BasePackage : public Package
{
public:

    BasePackage(string _recipient, string _address, float _weight,
      Date _shipmentDate);
    BasePackage();
    virtual float calculateCost();
    virtual Date calculateDeliveryTime();
    virtual string toString();
    virtual string serialize();
    virtual void deserialize(string s);
};
```
Listing 7-13: Package.h

Les constructeurs appellent simplement les constructeurs de la classe de base, car il n'y a pas de paramètres supplémentaires dans `BasePackage` à initialiser:

```
BasePackage::BasePackage(string _recipient, string _address, float _weight, Date _shipmentDate)
    :Package(_recipient, _address, _weight, _shipmentDate)
{
}

BasePackage::BasePackage() :Package()
{
}
```
Listing 7-14: Package.cpp

L'implémentation des fonctions virtuelles de calcul reste inchangée:

```
float BasePackage::calculateCost()
```

```cpp
{
  return BASE_PACKAGE_COST_FACTOR * weight;
}

Date BasePackage::calculateDeliveryTime()
{
  if (weight <= BASE_PACKAGE_MAX_WEIGHT)
    return shipmentDate.addDays(BASE_PACKAGE_DAYS);
  else
    return shipmentDate.addDays(BASE_PACKAGE_DAYS + 1);
}
```
Listing 7-15: Package.cpp

Ici, nous présentons les 3 nouvelles fonctions virtuelles:

```cpp
string BasePackage::toString()
{
  stringstream buf;
  buf << endl << "--Base Package--" << endl;
  buf << "Recipient: " << recipient << endl;
  buf << "Address: " << address << endl;
  buf << "Weight: " << weight << endl;
  buf << "Shipment date:" << shipmentDate << endl;
  buf << "Expected delivery date:" << calculateDeliveryTime() << endl;
  buf << "Cost:" << calculateCost() << endl;
  buf << "--------------------" << endl;
  return buf.str();
}

string BasePackage::serialize()
{
  stringstream buf;
  buf << "Base Package" << endl;
  buf << recipient << endl;
  buf << address << endl;
  buf << weight << endl;
  buf << shipmentDate << endl;
  buf << "--" << endl;
  return buf.str();
}

void BasePackage::deserialize(string s)
{
  string package_type;
  stringstream buf(s);
  getline(buf, package_type);
  getline(buf, recipient);
  getline(buf, address);
  buf >> weight;
  buf.ignore();

  string temp_date;
  getline(buf, temp_date);
  shipmentDate.deserialize(temp_date);
```

}

Listing 7-16: Package.cpp

Dans ces trois fonctions, nous utilisons la classe stringstream qui nous fournit un buffer pour construire une chaîne de caractères par des appels successifs. Un objet stringstream est essentiellement un objet de flux, donc nous pouvons utiliser les opérateurs de décalage pour insérer du texte dans son buffer, ou lire des tokens à partir de la chaîne. La fonction getline() peut également être utilisée ici.

Notez également que nous déléguons la sérialisation et la désérialisation de la date à la classe Date elle-même, car elle possède toutes les connaissances nécessaires sur la façon de traiter les dates. La classe Date est maintenant définie comme suit:

```cpp
#pragma once
#include <iostream>
#include <ctime>
#include <sstream>

using namespace std;

class Date
{
  int day;
  int month;
  int year;

public:
  Date();
  Date(int _day, int _month, int _year);
  Date addDays(int days);
  string serialize();
  void deserialize(string s);
  friend ostream& operator<<(ostream& output, const Date& s);
};
```

Listing 7-17: Date.h

Inspectons l'implémentation de ses fonctions:

```cpp
#include "Date.h"
Date::Date()
{
  time_t t = time(0);
  tm now;
  localtime_s(&now, &t);
  day = now.tm_mday;
  month = now.tm_mon + 1;
  year = now.tm_year + 1900;
}

Date::Date(int _day, int _month, int _year)
{
```

```cpp
    day = _day;
    month = _month;
    year = _year;
}

Date Date::addDays(int days)
{
    tm tmp = tm();
    tmp.tm_mday = day;
    tmp.tm_mon = month - 1;
    tmp.tm_year = year - 1900;
    time_t now = mktime(&tmp);

    time_t newSeconds = now + days * (60 * 60 * 24);
    tm newDate;
    localtime_s(&newDate, &newSeconds);

    Date temp;
    temp.day = newDate.tm_mday;
    temp.month = newDate.tm_mon + 1;
    temp.year = newDate.tm_year + 1900;

    return temp;
}

string Date::serialize()
{
    stringstream buf;
    buf << day << "/" << month << "/" << year;
    return buf.str();
}

void Date::deserialize(string s)
{
    sscanf_s(s.c_str(), "%2d/%2d/%4d", &day, &month, &year);
}

ostream& operator<<(ostream& output, const Date& d)
{
    output << d.day << "/" << d.month << "/" << d.year;
    return output;   // for multiple << operator chaining
}
```

Listing 7-18: Date.cpp

Dans ce projet, nous avons modifié le constructeur par défaut pour initialiser un objet Date avec la date actuelle, au lieu d'utiliser des zéros. De plus, nous avons ajouté des fonctions de sérialisation et de désérialisation.

L'implémentation des classes AdvancedPackage et OvernightPackage est similaire à celle de BasePackage. Nous les fournissons ici pour des raisons d'exhaustivité.

Définition:

```cpp
class AdvancedPackage : public Package
{
public:

  AdvancedPackage(string _recipient, string _address, float _weight, Date _shipmentDate);
  AdvancedPackage();
  virtual float calculateCost();
  virtual Date calculateDeliveryTime();
  virtual string toString();
  virtual string serialize();
  virtual void deserialize(string s);
};

class OvernightPackage : public Package
{
public:
  OvernightPackage(string _recipient, string _address, float _weight, Date _shipmentDate);
  OvernightPackage();
  virtual float calculateCost();
  virtual Date calculateDeliveryTime();
  virtual string toString();
  virtual string serialize();
  virtual void deserialize(string s);
};
```

Listing 7-19: Package.h

Implémentation:

```cpp
AdvancedPackage::AdvancedPackage(string _recipient, string _address, float _weight, Date _shipmentDate)
   :Package(_recipient, _address, _weight, _shipmentDate)
{
}

AdvancedPackage::AdvancedPackage() :Package()
{
}

float AdvancedPackage::calculateCost()
{
  return ADVANCED_PACKAGE_COST_FACTOR * weight + ADVANCED_PACKAGE_COST_SUPPL;
}

Date AdvancedPackage::calculateDeliveryTime()
{
  return shipmentDate.addDays(ADVANCED_PACKAGE_DAYS);
}

string AdvancedPackage::toString()
{
  stringstream buf;
  buf << endl << "--Advanced Package--" << endl;
```

```cpp
    buf << "Recipient: " << recipient << endl;
    buf << "Address: " << address << endl;
    buf << "Weight: " << weight << endl;
    buf << "Shipment date:" << shipmentDate << endl;
    buf << "Expected delivery date:" << calculateDeliveryTime() << endl;
    buf << "Cost:" << calculateCost() << endl;
    buf << "--------------------" << endl;
    return buf.str();
}

string AdvancedPackage::serialize()
{
    stringstream buf;
    buf << "Advanced Package" << endl;
    buf << recipient << endl;
    buf << address << endl;
    buf << weight << endl;
    buf << shipmentDate << endl;
    buf << "--" << endl;
    return buf.str();
}

void AdvancedPackage::deserialize(string s)
{
    string package_type;
    stringstream buf(s);
    getline(buf, package_type);
    getline(buf, recipient);
    getline(buf, address);
    buf >> weight;
    buf.ignore();

    string temp_date;
    getline(buf, temp_date);
    shipmentDate.deserialize(temp_date);
}

OvernightPackage::OvernightPackage(string _recipient, string _address, float _weight,
Date _shipmentDate)
    :Package(_recipient, _address, _weight, _shipmentDate)
{
}

OvernightPackage::OvernightPackage() :Package()
{
}

float OvernightPackage::calculateCost()
{
    return OVERNIGHT_PACKAGE_COST_FACTOR * weight;
}

Date OvernightPackage::calculateDeliveryTime()
{
```

```cpp
    return shipmentDate.addDays(OVERNIGHT_PACKAGE_DAYS);
}

string OvernightPackage::toString()
{
  stringstream buf;
  buf << endl << "--Overnight Package--" << endl;
  buf << "Recipient: " << recipient << endl;
  buf << "Address: " << address << endl;
  buf << "Weight: " << weight << endl;
  buf << "Shipment date:" << shipmentDate << endl;
  buf << "Expected delivery date:" << calculateDeliveryTime() << endl;
  buf << "Cost:" << calculateCost() << endl;
  buf << "--------------------" << endl;
  return buf.str();
}

string OvernightPackage::serialize()
{
  stringstream buf;
  buf << "Overnight Package" << endl;
  buf << recipient << endl;
  buf << address << endl;
  buf << weight << endl;
  buf << shipmentDate << endl;
  buf << "--" << endl;
  return buf.str();
}

void OvernightPackage::deserialize(string s)
{
  string package_type;
  stringstream buf(s);
  getline(buf, package_type);
  getline(buf, recipient);
  getline(buf, address);
  buf >> weight;
  buf.ignore();

  string temp_date;
  getline(buf, temp_date);
  shipmentDate.deserialize(temp_date);
}
```

Listing 7-20: Package.cpp

Vous pouvez trouver ce projet sur GitHub:

https://github.com/htset/cpp_oop_exercises/tree/master/PackageShippingFiles

8. Assurance

Nous devons créer une hiérarchie de classes qui modélisera les polices d'assurance vie et auto d'une compagnie d'assurance. Les deux polices sont caractérisées par les éléments suivants:

- Nom de la personne assurée
- Âge de la personne assurée
- Couverture de la police

En plus, la police auto dépend également de l'âge du véhicule.

Nous devons également créer une fonction (en dehors des classes) qui prendra un objet de police d'assurance en entrée et le sauvegardera dans un fichier txt. Dans la fonction principale, nous créerons quelques polices d'assurance et les stockerons dans le fichier texte.

Solution Proposée

La classe de base a la structure suivante:

```cpp
#include <iostream>
#include <fstream>
#include <sstream>
using namespace std;

class Insurance
{
protected:
  string name;
  int age;
  int coverage;
public:
  Insurance(string _name, int _age, int _coverage)
  {
    name = _name;
    age = _age;
    coverage = _coverage;
  }

  Insurance()
  {
    name = "N/A";
    age = 0;
    coverage = 0;
  }

  virtual int calculateCost() = 0;
  virtual string toString() = 0;
};
```

Listing 8-1: Insurance.cpp

Notez que nous définissons deux fonctions virtuelles pures: `calculateCost()` effectue le calcul du coût annuel de l'assurance et `toString()` renvoie une représentation sous forme de chaîne de caractères de la police.

Nous poursuivons avec la définition de la classe `LifeInsurance`:

```cpp
class LifeInsurance : public Insurance
{
public:
  LifeInsurance(string _name, int _age, int _coverage) :
    Insurance(_name, _age, _coverage)
  {
  }

  LifeInsurance() : Insurance()
  {
  }

  virtual int calculateCost()
  {
    return 10 * age + 0.001 * coverage;
  }

  virtual string toString()
  {
    stringstream buffer;
    buffer << "------Life Insurance policy------" << endl;
    buffer << "Name: " << name << endl;
    buffer << "Age: " << age << endl;
    buffer << "Coverage: " << coverage << endl;
    buffer << "Yearly cost: " << calculateCost() << endl;

    return buffer.str();
  }
};
```

Listing 8-2: Insurance.cpp

Nous utilisons un objet `stringstream` (défini dans la bibliothèque `<sstream>`) afin de faire des entrées successives dans un objet string (au lieu d'écrire dans la console avec `cout`). La fonction `toString()` renvoie l'objet string final. La classe `AutoInsurance` contient un paramètre supplémentaire, l'âge de l'automobile. Ce paramètre participe au calcul du coût de la police dans `calculateCost()`:

```cpp
class AutoInsurance : public Insurance
{
protected:
  int carAge;
public:
  AutoInsurance(string _name, int _age, int _coverage, int _carAge)
    : Insurance(_name, _age, _coverage)
  {
    carAge = _carAge;
```

```
  }

  AutoInsurance() : Insurance()
  {
    carAge = 0;
  }

  int getCarAge()
  {
    return carAge;
  }

  virtual int calculateCost()
  {
    return -age + 0.05 * coverage + 10 * carAge;
  }

  virtual string toString()
  {
    stringstream buffer;
    buffer << "------Auto Insurance policy------" << endl;
    buffer << "Name: " << name << endl;
    buffer << "Age: " << age << endl;
    buffer << "Coverage: " << coverage << endl;
    buffer << "Car age: " << carAge << endl;
    buffer << "Yearly cost: " << calculateCost() << endl;

    return buffer.str();
  }
};
```

Listing 8-3: Insurance.cpp

Comme demandé, nous devons également créer une fonction qui prend un objet Insurance (soit LifeInsurance soit AutoInsurance) et le sauvegarde dans un fichier texte. Nous pourrions écrire deux fonctions distinctes pour effectuer cette tâche, une pour chaque type d'objet. Cependant, nous pouvons tirer parti du *polymorphisme* et n'écrire *qu'une seule fonction*:

```
void saveInsurance(Insurance* insurance)
{
  ofstream ofs("insurance.txt", ios::app);
  ofs << insurance->toString();

  //will not compile
  //ofs << insurance->getCarAge();
}

int main()
{
  AutoInsurance i1("John Doe", 30, 15000, 2);
  cout << i1.toString();
  LifeInsurance i2("John Doe", 30, 1000000);
```

```
    cout << i2.toString();

    saveInsurance(&i1);
    saveInsurance(&i2);
    return 0;
}
```

Listing 8-4: Insurance.cpp

Cette fonction prend un pointeur vers `Insurance` en entrée. Grâce au polymorphisme, elle appelle la fonction `toString()` respective et obtient une chaîne de caractères différente à chaque fois.

Le polymorphisme a aussi ses limites. Notez que nous ne pouvons accéder qu'aux paramètres et fonctions définis dans la classe de base (`Insurance`). Par conséquent, nous ne pouvons pas appeler la fonction `getCarAge()` qui est uniquement définie dans la classe `AutoInsurance`. Si nous devons le faire, nous devons utilizer *casting* en un pointeur vers `AutoInsurance`, comme ceci:

```
string type = typeid(*insurance).name();
if (type.find("AutoInsurance") != string::npos)
{
    AutoInsurance* ai = (AutoInsurance*)insurance;
    cout << ai->getCarAge();
}
```

Vous pouvez trouver ce projet sur GitHub:

https://github.com/htset/cpp_oop_exercises/tree/master/Insurance

9. Reservations

Dans cet exercice, nous allons créer une application qui gérera les réservations dans des appartements (de style AirBnB). Nous devons gérer les informations suivantes:
Appartements:

- Adresse
- Capacité (nombre maximum de personnes)
- Prix par jour

Réservations:

- Nom et prénom de la personne qui a fait la réservation
- Date de début
- Durée
- Une liste des personnes qui séjourneront. Pour les personnes, nous aurons besoin de:
    - Nom et prénom
    - Année de naissance

Nous allons stocker toutes les informations dans une base de données MySQL. Nous créerons également une interface utilisateur basée sur la console qui gérera les opérations suivantes:

- Ajouter une nouvelle réservation
- Rechercher une réservation en fonction du nom de famille de la personne
- Lister toutes les réservations

Pour simplifier, nous ne gérerons pas les appartements dans l'interface utilisateur. Ils seront insérés directement dans la table Apartments avec SQL. De plus, nous ne nous soucierons pas de réserver le même appartement plusieurs fois, afin de rendre l'implémentation facile à suivre.

Solution Proposée

Nous commençons par la définition des tables de la base de données. Nous utiliserons MySQL pour cet exercice, car il possède l'API la plus simple à utiliser, même pour les programmeurs débutants.

Voici le SQL pour la création des tables:

```
CREATE DATABASE `test`;

CREATE TABLE `apartments` (
  `id` int NOT NULL AUTO_INCREMENT,
  `address` varchar(45) DEFAULT NULL,
  `capacity` int DEFAULT NULL,
```

```sql
  `price` int DEFAULT NULL,
  PRIMARY KEY (`id`)
) ENGINE=InnoDB AUTO_INCREMENT=3 DEFAULT CHARSET=utf8mb4 COLLATE=utf8mb4_0900_ai_ci;

CREATE TABLE `reservations` (
  `id` int NOT NULL AUTO_INCREMENT,
  `name` varchar(45) DEFAULT NULL,
  `surname` varchar(45) DEFAULT NULL,
  `startDate` date DEFAULT NULL,
  `duration` int DEFAULT NULL,
  `cost` decimal(10,0) DEFAULT NULL,
  PRIMARY KEY (`id`)
) ENGINE=InnoDB AUTO_INCREMENT=8 DEFAULT CHARSET=utf8mb4 COLLATE=utf8mb4_0900_ai_ci;

CREATE TABLE `persons` (
  `id` int NOT NULL AUTO_INCREMENT,
  `name` varchar(45) DEFAULT NULL,
  `surname` varchar(45) DEFAULT NULL,
  `birthYear` int DEFAULT NULL,
  `reservationId` int DEFAULT NULL,
  PRIMARY KEY (`id`)
) ENGINE=InnoDB AUTO_INCREMENT=5 DEFAULT CHARSET=utf8mb4 COLLATE=utf8mb4_0900_ai_ci;
```

Listing 9-1: SQL code

Nous pouvons utiliser l'application MySQL Workbench pour créer la base de données et les tables correspondantes. Ensuite, nous devons installer le MySQL C++ Connector, qui est le driver que notre programme utilisera pour se connecter à une base de données MySQL. Nous pouvons le télécharger depuis le site web de MySQL

https://dev.mysql.com/downloads/connector/cpp/

Nous devons ajouter des références aux fichiers d'inclusion et aux bibliothèques pour le MySQL Connector. Voyons comment faire cela pour les projets Visual Studio: Nous ouvrons la page des propriétés du projet et dans la page 'C/C++ -> Général', nous devons ajouter le dossier d'inclusion MySQL dans la zone de texte 'Autres Répertoires Include':

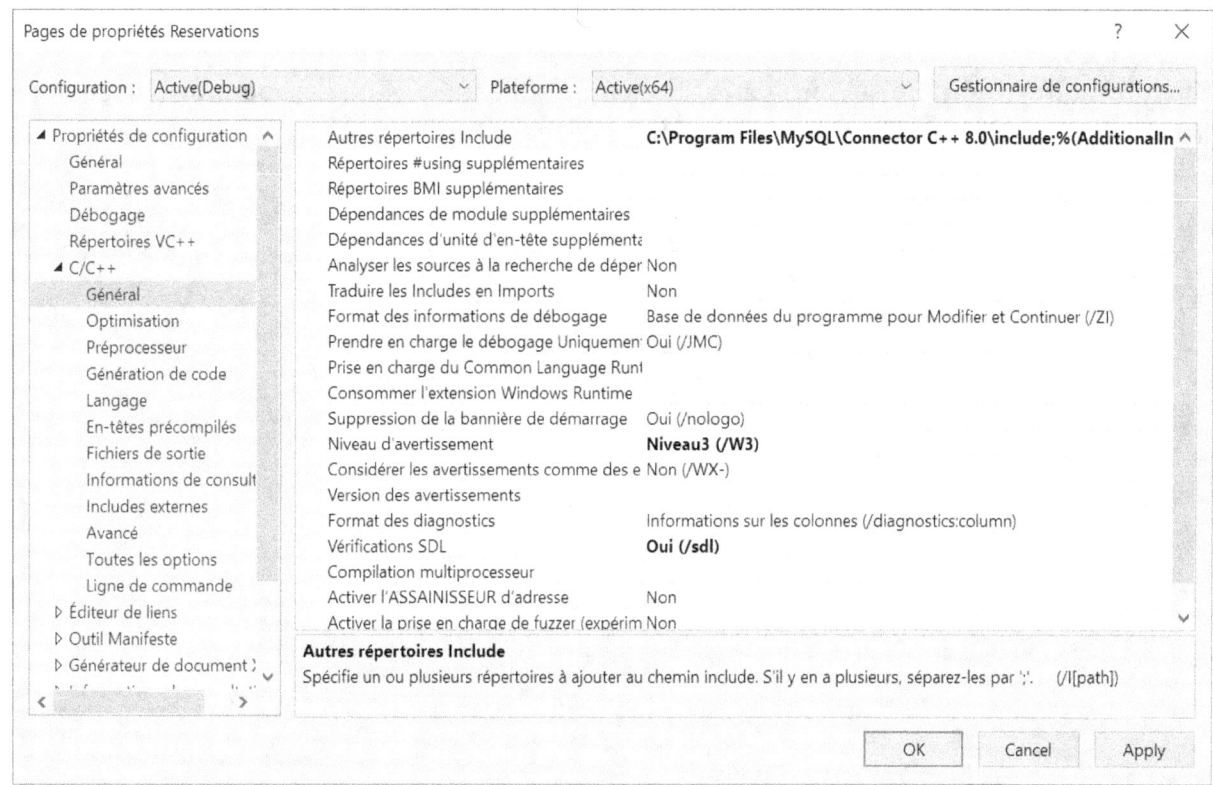

Aussi, dans la page 'Editeur de liens -> Général', nous ajoutons le dossier de bibliothèque MySQL dans la zone de texte 'Répertoires de bibliothèques supplémentaires':

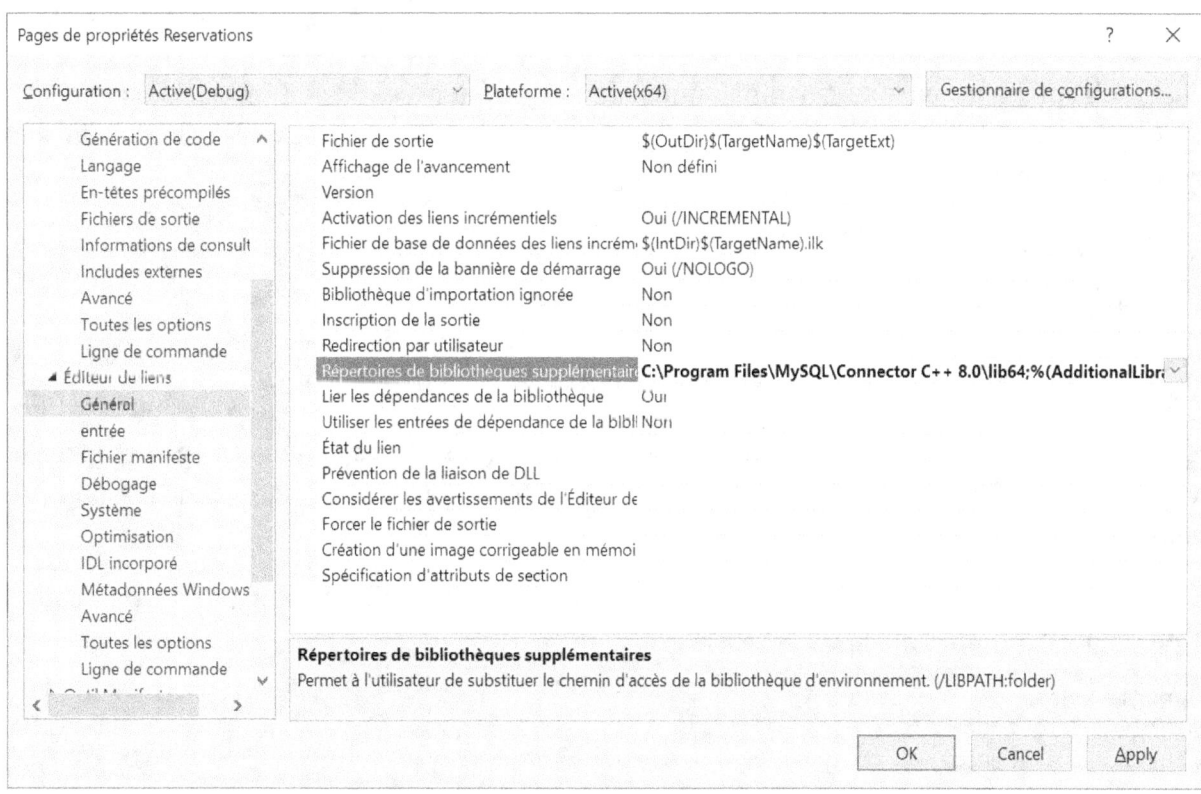

Une dernière addition se fait dans 'Editeur de liens -> Entrée', où nous spécifions 'mysqlcppconn.lib' dans la zone de texte 'Dépendances supplémentaires':

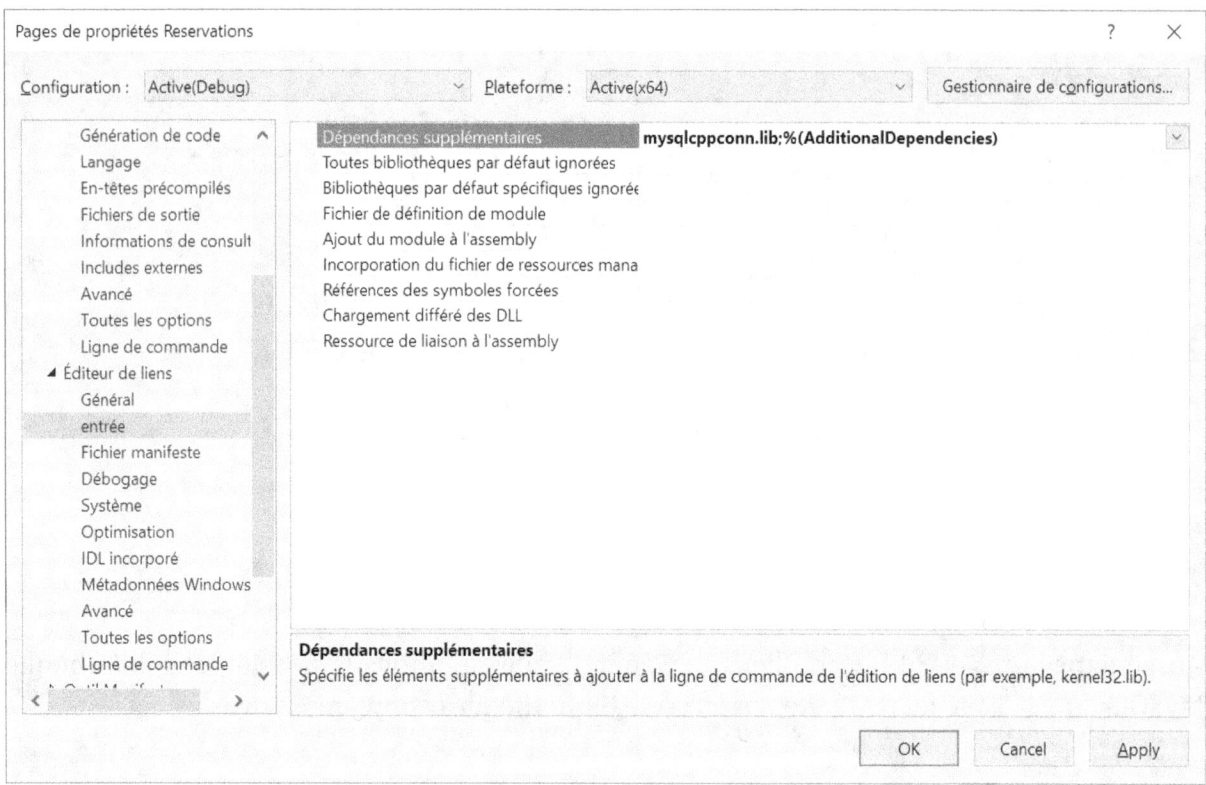

Nous n'avons pas encore terminé: nous devons copier ce fichier, *mysqlcppconn.lib*, à l'intérieur de notre projet. Nous devons également copier les trois fichiers suivants dans le répertoire exécutable:

- mysqlcppconn-9-vs14.dll
- libcrypto-1_1-x64.dll
- libssl-1_1-x64.dll

Vous trouverez tous ces fichiers dans l'installation de MySQL Connector.

Enfin, un détail important: vous devez exécuter la version *Release* de votre projet lorsque vous utilisez les bibliothèques MySQL Connector. L'exécution en mode *Debug* ne fonctionnera pas.

Maintenant que nous sommes prêts du point de vue de la configuration, passons au code : tout d'abord, définissons la classe Apartment:

```
#pragma once
#include <iostream>
#include <sstream>
```

```cpp
using namespace std;

class Apartment
{
  int id;
  string address;
  int capacity;
  double price;

public:
  Apartment();
  Apartment(int, string, int, double);
  string toString();
  double getPrice();
};
```

Listing 9-2: Apartment.h

Et son implémentation:

```cpp
#include "Apartment.h"

Apartment::Apartment()
{
  id = 0;
  address = "N/A";
  capacity = 0;
  price = 0;
}

Apartment::Apartment(int _id, string _address, int _capacity, double _price)
{
  id = _id;
  address = _address;
  capacity = _capacity;
  price = _price;
}

string Apartment::toString()
{
  stringstream buf;
  buf << "--Apartment--" << endl;
  buf << "Address: " << address << endl;
  buf << "Capacity: " << capacity << endl;
  buf << "Price: " << price << endl;
  return buf.str();
}

double Apartment::getPrice()
{
  return price;
}
```

Listing 9-3: Apartment.h

La classe Reservation est définie comme suit:

```cpp
#pragma once
#include <vector>
#include "Date.h"
#include "Person.h"

class Reservation
{
  int id;
  string name;
  string surname;
  Date startDate;
  int duration;
  double cost;
  vector<Person> persons;

public:
  Reservation(int, string, string, Date, int, double);
  Reservation();
  void addPerson(Person p);
  string toString();
  string getName();
  string getSurname();
  string getStartDateMysql();
  int getDuration();
  double getCost();
  vector<Person> getPersons();
};
```

Listing 9-4: Reservation.h

Voici l'implémentation de la classe:

```cpp
#include "Reservation.h"

Reservation::Reservation(int _id, string _name, string _surname, Date _startDate,
  int _duration, double _cost)
{
  id = _id;
  name = _name;
  surname = _surname;
  startDate = _startDate;
  duration = _duration;
  cost = _cost;
}

Reservation::Reservation()
{
  id = 0;
  name = "";
  surname = "";
  duration = 0;
  cost = 0;
}
```

```cpp
void Reservation::addPerson(Person p)
{
  persons.push_back(p);
}

string Reservation::toString()
{
  stringstream buf;
  buf << "--Reservation--" << endl;
  buf << "ID: " << id << endl;
  buf << "Name: " << name << endl;
  buf << "Surname: " << surname << endl;
  buf << "Start Date: " << startDate.toString() << endl;
  buf << "Duration: " << duration << endl;
  buf << "Cost: " << cost << endl;
  buf << "Persons:" << endl;
  for (int i = 0; i < persons.size(); i++)
    buf << persons[i].toString() << endl;

  return buf.str();
}

string Reservation::getName()
{
  return name;
}

string Reservation::getSurname()
{
  return surname;
}

string Reservation::getStartDateMysql()
{
  return startDate.toMysqlDate();
}

int Reservation::getDuration()
{
  return duration;
}

double Reservation::getCost()
{
  return cost;
}

vector<Person> Reservation::getPersons()
{
  return persons;
}
```

Listing 9-5: Reservation.cpp

Notez que nous utilisons une fonction spéciale (`getStartDateMysql()`) pour obtenir la date de début dans un format attendu par MySQL (YYYY-MM-DD). La classe `Reservation` contient également une liste des personnes qui séjourneront dans l'appartement. La classe `Person` est définie ci-dessous:

```
#pragma once
#include <iostream>
#include <sstream>

using namespace std;

class Person
{
  int id;
  string name;
  string surname;
  int birthYear;

public:
  Person(int, string, string, int);
  string getName();
  string getSurname();
  int getBirthYear();
  string toString();
};
```

Listing 9-6: Person.h

L'implémentation n'est pas compliquée du tout:

```
#include "Person.h"
Person::Person(int _id, string _name, string _surname, int _birthYear)
{
  id = _id;
  name = _name;
  surname = _surname;
  birthYear = _birthYear;
}

string Person::getName()
{
  return name;
}

string Person::getSurname()
{
  return surname;
}

int Person::getBirthYear()
{
  return birthYear;
}
```

```cpp
string Person::toString()
{
  stringstream buf;
  buf << "ID: " << id << endl;
  buf << "Name: " << name<< endl;
  buf << "Surname: " << surname << endl;
  buf << "Birth Year: " << birthYear << endl;
  return buf.str();
}
```

Listing 9-7: Person.cpp

La fonction principale de l'application est également très simple, car le travail est délégué aux classes UIService et PersistenceService:

```cpp
#include "Apartment.h"
#include "Reservation.h"
#include "Date.h"
#include "Person.h"
#include "PersistenceService.h"
#include "UIService.h"

int main()
{
    PersistenceService ps;
    UIService ui(&ps);
    ui.menu();
}
```

Listing 9-8: Main.cpp

Maintenant, passons aux choses intéressantes. Tout d'abord, la définition de la classe UIService qui gère l'interaction avec l'utilisateur:

```cpp
#pragma once
#include <iostream>
#include <vector>
#include <string>
#include <ctime>
#include <sstream>
#include "Reservation.h"
#include "Date.h"
#include "Apartment.h"
#include "Person.h"
#include "PersistenceService.h"
using namespace std;

class UIService
{
  PersistenceService* ps;
  void addPersons(Reservation*);

public:
  UIService(PersistenceService*);
```

```cpp
    void menu();
    void addReservation();
    void searchReservation();
    void listReservations();
};
```

Listing 9-9: UIService.h

Notez qu'à l'intérieur de la classe UIService, nous conservons un pointeur vers un objet PersistenceService. Ce pointeur est fourni dans le constructeur de UIService:

```cpp
#include "UIService.h"
UIService::UIService(PersistenceService* _ps)
{
  ps = _ps;
}
```

Listing 9-10: UIService.cpp

La fonction menu() contient le loop principal de l'interaction avec l'utilisateur:

```cpp
void UIService::menu()
{
  int option;
  do
  {
    cout << "Options: " << endl;
    cout << "1) Add reservation " << endl;
    cout << "2) Search reservation " << endl;
    cout << "3) View all reservations " << endl;
    cout << "0) Exit " << endl;
    cout << "Enter your selection:";
    cin >> option;
    cin.ignore();

    switch (option)
    {
    case 1:
      addReservation();
      break;
    case 2:
      searchReservation();
      break;
    case 3:
      listReservations();
      break;
    case 0:
      break;
    default:
      cout << "Please enter selection again:";
      break;
    }
  } while (option != 0);
}
```

Listing 9-11: UIService.cpp

Lorsque l'utilisateur appuie sur 1, la fonction addReservation() est appelée:

```cpp
void UIService::addReservation()
{
  int option;
  string name, surname, startDateStr;
  int duration, day, month, year;

  cout << "Name: ";
  getline(cin, name);

  cout << "Surname: ";
  getline(cin, surname);

  cout << "Start date: ";
  getline(cin, startDateStr);
  sscanf_s(startDateStr.c_str(), "%2d/%2d/%4d", &day, &month, &year);
  Date startDate(day, month, year);

  cout << "Duration: ";
  cin >> duration;
  cin.ignore();

  cout << "Available apartments:" << endl;
  vector<Apartment> apartments = ps->getAvailableApartments(startDate, duration);
  for (int i = 0; i < apartments.size(); i++)
  {
    cout << "Apartment no." << i + 1 << ":" << endl;
    cout << apartments[i].toString() << endl;
  }
  cout << "Press 0 to cancel:";
  cin >> option;
  cin.ignore();

  if (option > 0 and option <= apartments.size())
  {
    Reservation resv(0, name, surname, startDate, duration,
      apartments[option-1].getPrice());
    addPersons(&resv);
    ps->insertReservation(resv);
  }
}
```

Listing 9-12: UIService.cpp

Après que l'utilisateur a entré la date de début et la durée souhaitées de la réservation, il voit s'afficher une liste des appartements disponibles. Normalement, nous rechercherions les appartements disponibles pour ces dates, mais pour simplifier, nous récupérons tous les appartements dans la base de données.

La liste des appartements est récupérée à l'aide de l'objet `PersistenceService` (fonction `getAvailableApartments()`). Après avoir sélectionné un appartement, l'utilisateur est invité à saisir toutes les personnes qui séjourneront dans l'appartement. Cela est réalisé avec la fonction `addPersons()` (une fonction privée à l'intérieur de la classe `UIService`):

```cpp
void UIService::addPersons(Reservation *resv)
{
  string name, surname, selection;
  int birthYear;

  cout << "Give the persons:" << endl;
  do
  {
    cout << "Name: ";
    getline(cin, name);
    cout << "Surname: ";
    getline(cin, surname);
    cout << "Birth Year: ";
    cin >> birthYear;
    cin.ignore();

    resv->addPerson(Person(0, name, surname, birthYear));

    cout << "Add another person? (y/n)" << endl;
    getline(cin, selection);
  } while (selection != "n" && selection != "N");
}
```

Listing 9-13: UIService.cpp

Enfin, il y a deux autres fonctions dans `UIService`:

```cpp
void UIService::searchReservation()
{
  string surname;
  cout << "Enter surname (also partial): ";
  getline(cin, surname);
  vector<Reservation> reservations = ps->getReservationsBySurname(surname);

  for (int i = 0; i < reservations.size(); i++)
  {
      cout << reservations[i].toString();
  }
}

void UIService::listReservations()
{
  vector<Reservation> reservations = ps->getAllReservations();
  for (int i = 0; i < reservations.size(); i++)
  {
    cout << reservations[i].toString();
  }
}
```

Listing 9-14: UIService.cpp

Maintenant, nous nous tournons vers la classe `PersistenceService`. C'est la classe qui gère la connexion avec la base de données:

```cpp
#pragma once
#include <iostream>
#include <vector>
#include "Date.h"
#include "Reservation.h"
#include "Apartment.h"

#include <mysql/jdbc.h>

#define DEFAULT_URI "tcp://127.0.0.1"
#define EXAMPLE_USER "root"
#define EXAMPLE_PASS "pass"
#define EXAMPLE_DB "test"

class PersistenceService
{
  sql::Driver* driver;
  sql::Connection* conn;
  sql::Statement* stmt;

public:
  PersistenceService();
  void insertReservation(Reservation&);
  vector<Apartment> getApartments();
  vector<Reservation> getAllReservations();
  vector<Reservation> getReservationsBySurname(string);
};
```

Listing 9-15: PersistenceService.h

Toutes les fonctionnalités de la base de données sont regroupées dans cette classe. Notez que les autres classes ne savent rien de MySQL; elles utilisent simplement cette classe. De cette manière, il sera facile d'adapter notre application pour utiliser une base de données différente, car nous aurons seulement besoin d'écrire une nouvelle classe comme `PersistenceService`.

Dans le constructeur, nous établissons la connexion avec la base de données et créons un objet statement qui sera utilisé pour envoyer les commandes à la base de données:

```cpp
#include "PersistenceService.h"

PersistenceService::PersistenceService()
{
  try
  {
    driver = sql::mysql::get_driver_instance();
    conn = driver->connect(DEFAULT_URI, EXAMPLE_USER, EXAMPLE_PASS);
    conn->setSchema(EXAMPLE_DB);
```

```
    stmt = conn->createStatement();
    conn->setAutoCommit(false);
  }
  catch (sql::SQLException& e)
  {
    cout << "Could not connect to database. Exiting.." << endl;
    exit(0);
  }
}
```

Listing 9-16: PersistenceService.cpp

Toutes les opérations sur la base de données sont exécutées à l'intérieur d'un bloc try-catch. Notez également que nous désactivons l'auto-commit pour la base de données. Cela signifie que nous devrons valider (commit) nos modifications pour qu'elles prennent effet dans la base de données.

La fonction getApartments() récupère tous les appartements de la base de données:

```
vector<Apartment> PersistenceService::getApartments()
{
  vector<Apartment> result;
  try
  {
    sql::ResultSet *res = stmt->executeQuery("SELECT * from Apartments");

    while (res->next())
    {
      result.push_back(Apartment(res->getInt("id"),
        res->getString("address"), res->getInt("capacity"), res->getInt("price")));
    }

    return result;
  }
  catch (sql::SQLException& e)
  {
    cout << "Database error. Exiting.." << endl;
    exit(0);
  }
}
```

Listing 9-17: PersistenceService.cpp

La fonction getAllReservations() récupère toutes les réservations dans la base de données:

```
vector<Reservation> PersistenceService::getAllReservations()
{
  vector<Reservation> result;
  try
  {
    sql::ResultSet* res = stmt->executeQuery("SELECT * from Reservations");
    sql::Statement* newStmt = conn->createStatement();
    while (res->next())
    {
```

```cpp
      int day, month, year;
      string date_str = res->getString("startDate");
      sscanf_s(date_str.c_str(), "%4d-%2d-%2d", &year, &month, &day);

      Reservation resv(res->getInt("id"), res->getString("name"),
        res->getString("surname"), Date(day, month, year),
        res->getInt("duration"), res->getDouble("cost"));

      sql::ResultSet* newRes = newStmt->executeQuery(
        "SELECT * from Persons where reservationId="
        + to_string(res->getInt("id")));

      while (newRes->next())
      {
        resv.addPerson(Person(newRes->getInt("id"), newRes->getString("name"),
          newRes->getString("surname"), newRes->getInt("birthYear")));
      }

      result.push_back(resv);
    }

    return result;
  }
  catch (sql::SQLException& e)
  {
    cout << "Database error. Exiting.." << endl;
    exit(0);
  }
}
```

Listing 9-18: PersistenceService.cpp

La fonction getReservationsBySurname() retourne une liste de réservations pour un nom de famille spécifique:

```cpp
vector<Reservation> PersistenceService::getReservationsBySurname(string surname)
{
  vector<Reservation> result;
  try
  {
    sql::ResultSet* res = stmt->executeQuery(
      "SELECT * from Reservations where surname like '%" + surname + "%'");

    while (res->next())
    {
      int day, month, year;
      string date_str = res->getString("startDate");
      sscanf_s(date_str.c_str(), "%4d-%2d-%2d", &year, &month, &day);

      result.push_back(Reservation(res->getInt("id"), res->getString("name"),
        res->getString("surname"), Date(day, month, year), res->getInt("duration"),
        res->getDouble("cost")));
    }
```

```
    return result;
  }
  catch (sql::SQLException& e)
  {
    cout << "Database error. Exiting.." << endl;
    exit(0);
  }
}
```

Listing 9-19: PersistenceService.cpp

Enfin, nous avons également une fonction pour insérer une nouvelle réservation (et les personnes correspondantes) dans la base de données:

```
void PersistenceService::insertReservation(Reservation& resv)
{
  try
  {
    string query =
      "insert into Reservations(name, surname, startDate, duration, cost) values('"
      + resv.getName() + "', '" + resv.getSurname() + "', '"
      + resv.getStartDateMysql() + "', " + to_string(resv.getDuration()) + ", "
      + to_string(resv.getCost()) + ")";

    stmt->executeUpdate(query);

    stmt->execute("SET @lastInsertId = LAST_INSERT_ID()");

    vector<Person> persons = resv.getPersons();
    for (int i = 0; i < persons.size(); i++)
    {
      query = "insert into Persons(name, surname, birthYear, reservationId) values('"
        + persons[i].getName() + "', '" + persons[i].getSurname() + "', "
        + to_string(persons[i].getBirthYear())
        + ", @lastInsertId )";

      stmt->executeUpdate(query);
    }
    conn->commit();
  }
  catch (sql::SQLException& e)
  {
    conn->rollback();

    cout << "Database error. Exiting.." << endl;
    exit(0);
  }
}
```

Listing 9-20: PersistenceService.cpp

Dans la fonction `insertReservation()`, nous commençons par insérer une nouvelle ligne dans la table `Reservations`. Le ID field de la réservation est créé automatiquement par la base de données, car nous l'avons défini comme AUTO_INCREMENT lors de la création de la table.

Après l'insertion réussie de la ligne, nous obtenons l'identifiant de la réservation nouvellement généré, car nous en avons besoin pour chaque nouvelle ligne dans the table Persons (dans le champ reservationId). Nous effectuons des insertions successives, une pour chaque personne, et à la fin nous validons nos modifications.

En cas d'exception, nous pouvons annuler la transaction et revenir à notre point de départ.

Enfin, nous présentons la classe Date que nous avons créée dans les exercices précédents:

```
#pragma once
#include <iostream>
#include <ctime>
#include <sstream>

using namespace std;

class Date
{
  int day;
  int month;
  int year;

public:
  Date();
  Date(int _day, int _month, int _year);
  Date addDays(int days);
  string serialize();
  void deserialize(string s);
  friend ostream& operator<<(ostream& output, const Date& s);
  string toString();
  string toMysqlDate();
};
```

Listing 9-21: Date.h

Nous avons ajouté la fonction toMysqlDate() pour obtenir la date de début dans un format attendu par MySQL (YYYY-MM-DD).

Voici l'implémentation complète de la classe Date:

```
#include "Date.h"
Date::Date()
{
  time_t t = time(0);
  tm now;
  localtime_s(&now, &t);
  day = now.tm_mday;
  month = now.tm_mon + 1;
  year = now.tm_year + 1900;
}
```

```cpp
Date::Date(int _day, int _month, int _year)
{
    day = _day;
    month = _month;
    year = _year;
}

Date Date::addDays(int days)
{
    tm tmp = tm();
    tmp.tm_mday = day;
    tmp.tm_mon = month - 1;
    tmp.tm_year = year - 1900;
    time_t now = mktime(&tmp);

    time_t newSeconds = now + days * (60 * 60 * 24);
    tm newDate;
    localtime_s(&newDate, &newSeconds);

    Date temp;
    temp.day = newDate.tm_mday;
    temp.month = newDate.tm_mon + 1;
    temp.year = newDate.tm_year + 1900;

    return temp;
}

string Date::serialize()
{
    stringstream buf;
    buf << day << "/" << month << "/" << year;
    return buf.str();
}

void Date::deserialize(string s)
{
    sscanf_s(s.c_str(), "%2d/%2d/%4d", &day, &month, &year);
}

ostream& operator<<(ostream& output, const Date& d)
{
    output << d.day << "/" << d.month << "/" << d.year;
    return output;   // for multiple << operator chaining
}

string Date::toString()
{
    stringstream buf;
    buf << day << "/" << month << "/" << year;
    return buf.str();
}

string Date::toMysqlDate()
```

```
{
  stringstream buf;
  buf << year << "-" << month << "-" << day;
  return buf.str();
}
```

Listing 9-22: Date.cpp

Vous pouvez trouver ce projet sur GitHub:

https://github.com/htset/cpp_oop_exercises/tree/master/Reservations

10. Déclaration de revenus

Dans cet exercice, nous allons créer une application pour la soumission de déclarations de taxes foncières. Notre application prendra en charge trois types de propriétés (Apartment, Store et Plot) avec des méthodes différentes pour calculer la taxe correspondante :

- Apartment: Taxe = 1.3 * surface + 10 * étage + 150
- Store: Taxe = 2.5 * surface + 20 * commercialité + 100
- Plot: Taxe = 0.3 * surface + 100 * cultivé + 200 * si il est dans les limites de la ville

La taxe dépend des paramètres suivants:

- La superficie de la propriété
- L'étage de l'appartement
- La commercialité du magasin (un nombre entre 1 et 5 qui caractérise l'importance de la rue du magasin dans le commerce)
- Si le terrain est cultivé ou non
- Si le terrain est dans les limites de la ville ou non

Nous allons créer une interface utilisateur qui offrira les options suivantes :

- Créer une nouvelle déclaration de taxe et calculer la taxe résultante en fonction des propriétés déclarées
- Supprimer une déclaration de taxe existante
- Rechercher des déclarations

De plus, l'application doit fournir les statistiques suivantes sur les déclarations de taxes :

- Le total des taxes de toutes les déclarations
- La déclaration avec la taxe la plus élevée

Nous créerons l'application de manière à ce qu'elle soit indépendante du support de persistance. C'est-à-dire que nous offrirons l'option de stocker les déclarations dans un fichier texte et dans une base de données.

Solution Proposée

Commençons par la définition de la classe de base Property:

```cpp
#include <iostream>
#include <sstream>
#include "Address.h"

using namespace std;

#ifndef _PROPERTY_H_
#define _PROPERTY_H_

class Property
```

```
{
protected:
  int id;
  int surface;
  Address address;

public:
  Property(int, int, Address);
  Property();
  virtual string toString() = 0;
  virtual string serialize() = 0;
  virtual double calculateTax() = 0;
  void setSurface(int _surface) { surface = _surface; }
  int getSurface() { return surface; }
  void setAddress(Address _address) { address = _address; }
  Address getAddress() { return address; }
};

#endif // !_PROPERTY_H_
```

Listing 10-1: Property.h

Notez que la classe `Property` définit trois classes virtuelles pures, ce qui en fait une classe abstraite (nous ne pouvons pas définir d'objets de type `Property`). Les classes dérivées devront implémenter ces trois fonctions pour pouvoir être instanciées.

Une autre note importante est que, pour ce projet, nous utilisons des gardes d'inclusion (`#ifndef` et `#endif`) au lieu de la directive de préprocesseur `#pragma once`.

Voici l'implémentation de la classe `Property`:

```
#include "Property.h"

Property::Property(int _id, int _surface, Address _address)
{
  id = _id;
  surface = _surface;
  address = _address;
}

Property::Property()
{
  id = 0;
  surface = 0;
  //the Address object is instantiated automatically
  //(the default constructor is called)
}
```

Listing 10-2

La classe `Property` contient le paramètre `surface`, qui est commun à tous les types de propriété. Elle contient également un objet `Address`, défini ci-dessous:

```cpp
#include <iostream>
#include <string>
#include <sstream>
#include <vector>
using namespace std;

#ifndef ADDRESS_H
#define ADDRESS_H

class Address
{
private:
  string street;
  string number;
  string zip;
  string city;

public:
  Address(string _street, string _number, string _zip, string _city);
  Address();
  string getStreet() { return street; }
  string getNumber() { return number; }
  string getZip() { return zip; }
  string getCity() { return city; }
  string toString();
  string serialize();
  void deserialize(string s);
};

#endif
```

Listing 10-3: Address.h

Voici l'implémentation de la classe Address:

```cpp
#include "Address.h"

Address::Address(string _street, string _number, string _zip, string _city)
{
  street = _street;
  number = _number;
  zip = _zip;
  city = _city;
}

Address::Address()
{
  street = "N/A";
  number = "N/A";
  zip = "N/A";
  city = "N/A";
}

string Address::toString()
{
```

```
    stringstream buf;
    buf << number << " " << street << ", " << zip << " " << city;
    return buf.str();
}

string Address::serialize()
{
    return "addr|" + street + "|" + number + "|" + zip + "|" + city;
}

void Address::deserialize(string s)
{
    stringstream ss(s);
    string token;
    vector<string> words;
    while (getline(ss, token, '|'))
        words.push_back(token);

    street = words[1];
    number = words[2];
    zip = words[3];
    city = words[4];
}
```

Listing 10-4: Address.cpp

Outre les constructeurs, la classe Address contient des fonctions pour retourner la représentation sous forme de chaîne d'un objet Address, ainsi que des fonctions de sérialisation et de désérialisation. Ces deux dernières fonctions seront utiles lorsque nous enregistrerons nos données dans un fichier texte, nous les expliquerons à ce moment-là.

Ensuite, nous ajoutons la classe Apartment :

```
#include <iostream>
#include <sstream>
#include <vector>
#include "Address.h"
#include "Property.h"
#include "TaxException.h"

using namespace std;

#ifndef _APARTMENT_H_
#define _APARTMENT_H_

class Apartment : public Property
{
private:
    int floor;

public:
    Apartment(int, int, Address, int);
    Apartment();
    string toString();
```

```cpp
    string serialize();
    void deserialize(string s);
    double calculateTax();
    void setFloor(int _floor) { floor = _floor; }
    int getFloor() { return floor; }
};

#endif // !_APARTMENT_H_
```

Listing 10-5: Apartment.h

La classe `Apartment` hérite de la classe `Property` et ajoute un nouveau paramètre : `floor`.

Dans le fichier .cpp, nous implémentons les trois fonctions virtuelles de la classe `Property`. Nous ajoutons également une vérification dans le constructeur : si l'étage est négatif, une exception de type `TaxException` est levée:

```cpp
#include "Apartment.h"

Apartment::Apartment(int _id, int _surface, Address _address, int _floor)
    :Property(_id, _surface, _address)
{
    if (_floor >= 0)
        floor = _floor;
    else
    {
        throw TaxException("Floor cannot be negative", 1);
    }
}

Apartment::Apartment() //Property() default constructor called automatically
{
    floor = 0;
}

string Apartment::toString()
{
    stringstream ss;
    ss << "--Apartment--" << endl;
    ss << "Surface: " << surface << endl;
    ss << "Address" << address.toString();
    ss << "Floor: " << floor << endl;
    return ss.str();
}

double Apartment::calculateTax()
{
    return (1.3 * surface + 10 * floor + 150);
}

string Apartment::serialize()
{
    return "apartment|" + to_string(surface) + "|" + to_string(floor) + "|" + address.serialize();
```

```
}
void Apartment::deserialize(string s)
{
  stringstream ss(s);
  string token;
  vector<string> words;
  while (getline(ss, token, '|'))
    words.push_back(token);

  surface = atoi(words[1].c_str());
  floor = atoi(words[2].c_str());
  address = Address(words[4], words[5], words[6], words[7]);
}
```

Listing 10-6: Apartment.cpp

La classe `TaxException` est définie ci-dessous:

```
#include <iostream>
using namespace std;

#ifndef _TAXEXCEPTION_H
#define _TAXEXCEPTION_H

class TaxException
{
public:
  string message;
  int code;

  TaxException(string _message, int _code)
  {
    message = _message;
    code = _code;
  }
};

#endif // !_TAXEXCEPTION_H
```

Listing 10-7: TaxException.h

Maintenant, nous ajoutons la classe `Store`. Cette classe ajoute le paramètre `commerciality` qui mesure la rentabilité du quartier en ce qui concerne le commerce:

```
#include <iostream>
#include "Address.h"
#include "Property.h"
#include "TaxException.h"

using namespace std;

#ifndef _STORE_H_
#define _STORE_H_
```

```cpp
class Store : public Property
{
private:
  int commerciality;

public:
  Store(int, int, Address, int);
  Store();
  string toString();
  string serialize();
  void deserialize(string s);
  double calculateTax();
  void setCommerciality(int _commerciality) { commerciality = _commerciality; }
  int getCommerciality() { return commerciality; }
};

#endif // !_STORE_H_
```

Listing 10-8: Store.h

Et voici l'implémentation:

```cpp
#include "Store.h"

Store::Store(int _id, int _surface, Address _address, int _commerciality)
  :Property(_id, _surface, _address)
{
  if (_commerciality >= 0 && _commerciality <= 5)
    commerciality = _commerciality;
  else
  {
    throw TaxException("commerciality should be between 0 and 5", 1);
  }
}

Store::Store() //Property() default constructor called automatically
{
  commerciality = 0;
}

string Store::toString()
{
  stringstream ss;
  ss << "--Store--" << endl;
  ss << "Surface: " << surface << endl;
  ss << "Address" << address.toString();
  ss << "Commerciality: " << commerciality << endl;
  return ss.str();
}

double Store::calculateTax()
{
  return (2.5 * surface + 20 * commerciality + 100);
}
```

```cpp
string Store::serialize()
{
  return "store|" + to_string(surface) + "|" + to_string(commerciality) + "|" +
address.serialize();
}

void Store::deserialize(string s)
{
  stringstream ss(s);
  string token;
  vector<string> words;
  while (getline(ss, token, '|'))
    words.push_back(token);

  surface = atoi(words[1].c_str());
  commerciality = atoi(words[2].c_str());
  address = Address(words[4], words[5], words[6], words[7]);
}
```

Listing 10-9: Store.cpp

La troisième classe qui hérite de la classe Property est Plot. Cette classe modélise des terrains qui peuvent être cultivés ou situés à l'intérieur d'une ville (ce qui les rend plus rentables):

```cpp
#include <iostream>
#include "Address.h"
#include "Property.h"
#include "TaxException.h"

using namespace std;

#ifndef _PLOT_H_
#define _PLOT_H_

class Plot : public Property
{
private:
  bool withinCityLimits;
  bool cultivated;

public:
  Plot(int, int, Address, bool, bool);
  Plot();
  string toString();
  string serialize();
  void deserialize(string s);
  double calculateTax();
  void setWithinCityLimits(bool _withinCityLimits)
    { withinCityLimits = _withinCityLimits; }
  bool getWithinCityLimits() { return withinCityLimits; }
  void setCultivated(bool _cultivated) { cultivated = _cultivated; }
  bool getCultivated() { return cultivated; }
```

```cpp
};

#endif // !_PLOT_H_
```

Listing 10-10: Plot.h

Et voici l'implémentation:

```cpp
#include "Plot.h"

Plot::Plot(int _id, int _surface, Address _address,
    bool _withinCityLimits, bool _cultivated)
  :Property(_id, _surface, _address)
{
  withinCityLimits = _withinCityLimits;
  cultivated = _cultivated;
}

Plot::Plot()
{
  withinCityLimits = true;
  cultivated = false;
}

string Plot::toString()
{
  stringstream ss;
  ss << "--Plot--" << endl;
  ss << "Surface: " << surface << endl;
  ss << "Address" << address.toString();
  ss << "Is within city limits: " << withinCityLimits << endl;
  ss << "Is cutlivated: " << cultivated << endl;
  return ss.str();
}

double Plot::calculateTax()
{
  return (0.3 * surface + 100 * cultivated + 200 * withinCityLimits);
}

string Plot::serialize()
{
  return "plot|" + to_string(surface) + "|" + to_string(withinCityLimits) + "|" +
to_string(cultivated) + "|" + address.serialize();
}

void Plot::deserialize(string s)
{
  stringstream ss(s);
  string token;
  vector<string> words;
  while (getline(ss, token, '|'))
    words.push_back(token);

  surface = atoi(words[1].c_str());
```

```
    withinCityLimits = (words[2] == "1") ? true : false;
    cultivated = (words[3] == "1") ? true : false;
    address = Address(words[5], words[6], words[7], words[8]);
}
```
Listing 10-11: Plot.cpp

Maintenant que nous avons défini nos classes principales, passons aux services adjacents. La fonction `main()` est très simple.:

```
#include "StatisticsService.h"
#include "PersistenceService.h"
#include "FileService.h"
#include "DBService.h"
#include "UIService.h"

PersistenceService* ps = new DBService();
//PersistenceService* ps = new FileService("td.txt");
StatisticsService ss(ps);
UIService ui(ps, &ss);

int main()
{
  ui.menu();
  return 0;
}
```
Listing 10-12: Main.cpp

L'élément important que nous faisons ici est de créer un objet de chacune des classes suivantes:

- `UIService` : interaction avec l'utilisateur (basée sur la console)
- `StatisticsService` : fourniture de statistiques
- `PersistenceService` : stockage des données

L'objet `PersistenceService` gérera l'enregistrement, la suppression et la recherche des données depuis une base de données ou un fichier. La classe `PersistenceService` elle-même est une classe abstraite utilisée pour définir l'interface que le `UIService` devrait utiliser afin de stocker des données:

```
#include <iostream>
#include <vector>
#include "TaxDeclaration.h"

using namespace std;

#ifndef _PERSISTENCE_SERVICE_H
#define _PERSISTENCE_SERVICE_H

class PersistenceService
{
```

```
public:
  virtual void insertTaxDeclaration(TaxDeclaration td) = 0;
  virtual void removeTaxDeclaration(TaxDeclaration td) = 0;
  virtual vector<TaxDeclaration> getTaxDeclarations(string vat = "",
    int year = 0) = 0;
};

#endif // !_PERSISTENCE_SERVICE_H
```
Listing 10-13: PersistenceService.h

Cette classe abstraite ne définit que trois fonctions virtuelles pures : insérer, supprimer et rechercher des données. Le `UIService` utilisera ces trois fonctions pour interagir avec le stockage de données. Le `UIService` sera indépendant du stockage sous-jacent; le stockage peut être une base de données ou un fichier (ou même autre chose). Tout dépend du type d'objet que nous décidons de passer dans le constructeur de la classe `UIService` (`DBService` ou `FileService`). Dans l'extrait ci-dessus, nous avons choisi d'utiliser l'objet `DBService`."

Avec cela à l'esprit, voyons d'abord comment fonctionne le `UIService`:

```
#include "TaxDeclaration.h"
#include "StatisticsService.h"
#include "PersistenceService.h"

#ifndef _UI_SERVICE_H
#define _UI_SERVICE_H

class UIService
{
  PersistenceService* ps;
  StatisticsService* ss;

  void create();
  void remove();
  void search();
  TaxDeclaration enterTaxDeclarationDetails();
  Address enterAddress();
  Property* enterProperty();

public:
  UIService(PersistenceService*, StatisticsService*);
  void menu();
};

#endif
```
Listing 10-14: UIService.h

La classe `UIService` n'a que deux membres publics: le constructeur et la fonction `menu()`:

```
#include "UIService.h"
#include "Apartment.h"
#include "Store.h"
#include "Plot.h"
```

```cpp
UIService::UIService(PersistenceService* _ps, StatisticsService* _ss)
{
  this->ps = _ps;
  this->ss = _ss;
}

void UIService::UIService::menu()
{
  int sel;
  TaxDeclaration td;
  do {
    cout << "Options: " << endl;
    cout << "--Transactions--" << endl;
    cout << "1: Add new Tax Declaration" << endl;
    cout << "2: Delete Tax Declaration: " << endl;
    cout << "3: Find Tax Declaration: " << endl;
    cout << "--Statistics--" << endl;
    cout << "11: Get total tax" << endl;
    cout << "12: Get Tax Declaration with highest tax" << endl;
    cout << endl << "0: exit" << endl;

    cout << "Your choice: ";
    cin >> sel;
    cin.ignore();

    switch (sel)
    {
    case 1:
      create();
      break;
    case 2:
      remove();
      break;
    case 3:
      search();
      break;
    case 11:
      cout << "Total Tax is: " << ss->getTotalTax();
      break;
    case 12:
      td = ss->getHighestDeclaration();
      cout << "Highest Tax Declaration is: " << endl;
      cout << td.toString() << endl;
      break;
    default:
      break;
    }
  } while (sel != 0);
}
```

Listing 10-15: UIService.cpp

Notez comment nous stockons les pointeurs vers les autres objets (de type PersistenceService et StatisticsService) dans le constructeur. De plus, notez le loop qui s'exécute dans la fonction `menu()`. Ensuite, voici les fonctions `create()`, `remove()` et `search()` de la classe `UIService`:

```cpp
void UIService::create()
{
  char sel = 'y';
  cout << "Enter person details" << endl;
  TaxDeclaration tax = enterTaxDeclarationDetails();

  cout << "Now enter properties: " << endl;
  while (sel == 'y')
  {
    Property* p = enterProperty();
    if (p != nullptr)
    {
      tax.addProperty(p);
      cout << "Property added" << endl;
    }
    else
      cout << "No property added (user aborted)" << endl;

    cout << "Would you like to add another property? (y/n)" << endl;
    cin >> sel;
    cin.ignore();
  }

  ps->insertTaxDeclaration(tax);
  cout << "Tax declaration added!" << endl;
}

void UIService::remove()
{
  char sel;
  string search_vat;
  int submissionYear;
  cout << "Enter VAT number for search: ";
  getline(cin, search_vat);
  cout << "Enter submission year: ";
  cin >> submissionYear;
  cin.ignore();
  vector<TaxDeclaration> td = ps->getTaxDeclarations(search_vat, submissionYear);

  if (td.size() == 1)
  {
    cout << "Found Tax Declaration:" << endl;
    cout << td[0].toString() << endl;
    cout << "Delete Tax Declaration? (y/n) " << endl;
    cin >> sel;

    if (sel == 'y')
    {
      ps->removeTaxDeclaration(td[0]);
      cout << " Tax declaration deleted" << endl;
    }
```

```cpp
    }
    else
        cout << "tax declaration not found" << endl;
}

void UIService::search()
{
    char sel;
    string search_vat;
    int submissionYear;
    cout << "Enter VAT number for search (press return for all VATs): ";
    getline(cin, search_vat);
    cout << "Enter submission year (press 0 for all years): ";
    cin >> submissionYear;
    cin.ignore();

    vector<TaxDeclaration> td = ps->getTaxDeclarations(search_vat, submissionYear);
    cout << "-----Tax Declarations-----" << endl;
    for (auto iter = td.begin(); iter != td.end(); iter++)
        cout << iter->toString() << endl;
}
```

Listing 10-16: UIService.cpp

Ces fonctions utilisent trois fonctions privées pour obtenir toutes les informations de l'utilisateur en ordre:

```cpp
TaxDeclaration UIService::enterTaxDeclarationDetails()
{
    string name, surname, vat, tel;
    int year;
    cout << "Name: ";
    getline(cin, name);
    cout << endl << "Surname: ";
    getline(cin, surname);
    cout << endl << "VAT number: ";
    getline(cin, vat);
    cout << endl << "Telephone: ";
    getline(cin, tel);
    cout << endl << "Fiscal Year: ";
    cin >> year;
    cin.ignore();

    return TaxDeclaration(0, name, surname, vat, tel, year);
}

Address UIService::enterAddress()
{
    string street, number, zip, city;
    cout << "Street: ";
    getline(cin, street);
    cout << endl << "Number: ";
    getline(cin, number);
    cout << endl << "Zip code: ";
```

```cpp
    getline(cin, zip);
    cout << endl << "City: ";
    getline(cin, city);

    return Address(street, number, zip, city);
}

Property* UIService::enterProperty()
{
    char sel, inside, cultivated;
    Address address;
    int surface, floor, commerciality;

    cout << "Select 1 for Apartment, 2 for Store, 3 for Plot, any other to abort: ";
    cin >> sel;
    cin.ignore();

    switch (sel)
    {
    case '1':
        address = enterAddress();
        cout << "Surface: ";
        cin >> surface;
        cout << "Floor: ";
        cin >> floor;
        cin.ignore();
        return new Apartment(0, surface, address, floor);
    case '2':
        address = enterAddress();
        cout << "Surface: ";
        cin >> surface;
        cout << "Commerciality: ";
        cin >> commerciality;
        cin.ignore();
        return new Store(0, surface, address, commerciality);
    case '3':
        address = enterAddress();
        cout << "Surface: ";
        cin >> surface;
        cout << "Inside town? ";
        cin >> inside;
        cout << "Cultivated?";
        cin >> cultivated;
        cin.ignore();
        return new Plot(0, surface, address, (inside == 'y') ? true : false, (cultivated == 'y') ? true : false);
    default:
        return nullptr;
    }
}
```

Listing 10-17: UIService.cpp

La classe `StatisticsService` fournit l'interface pour récupérer des statistiques sur les déclarations fiscales:

```cpp
#include "TaxDeclaration.h"
#include "PersistenceService.h"

#ifndef _STATISTICS_SERVICE_H
#define _STATISTICS_SERVICE_H

class StatisticsService
{
private:
  PersistenceService* ps;

public:
  StatisticsService(PersistenceService* ps);
  double getTotalTax();
  TaxDeclaration getHighestDeclaration();
};
#endif
```

Listing 10-18: StatisticsService.h

Voici l'implémentation des deux fonctions:

```cpp
#include "StatisticsService.h"

StatisticsService::StatisticsService(PersistenceService* _ps)
{
  ps = _ps;
}

double StatisticsService::getTotalTax()
{
  double totalTax = 0;
  for (auto td : ps->getTaxDeclarations())
  {
    totalTax += td.calculateTax();
  }
  return totalTax;
}

TaxDeclaration StatisticsService::getHighestDeclaration()
{
  vector<TaxDeclaration> declarations = ps->getTaxDeclarations();

  if (declarations.size() > 0)
  {
    TaxDeclaration max = declarations.at(0);
    double highestTax = 0;
    for (auto td : declarations)
    {
      if (td.calculateTax() > highestTax)
      {
```

```
        max = td;
        highestTax = td.calculateTax();
      }
    }
    return max;
  }
  else
    throw std::exception("No declarations available");
}
```

Listing 10-19: StatisticsService.cpp

Notez comment la classe StatisticsService utilise le pointeur vers l'objet qui implémente l'interface définie par PersistenceService.

Maintenant, voyons comment nous pouvons utiliser une base de données MySQL pour stocker des données sur les déclarations fiscales. Tout d'abord, nous devons créer les tables dans la base de données Tax:

```sql
CREATE TABLE `addresses` (
  `id` int NOT NULL AUTO_INCREMENT,
  `street` varchar(45) DEFAULT NULL,
  `number` varchar(45) DEFAULT NULL,
  `zip` varchar(45) DEFAULT NULL,
  `city` varchar(45) DEFAULT NULL,
  `propertyId` int DEFAULT NULL,
  PRIMARY KEY (`id`)
) ENGINE=InnoDB AUTO_INCREMENT=10 DEFAULT CHARSET=utf8mb4 COLLATE=utf8mb4_0900_ai_ci;

CREATE TABLE `apartments` (
  `id` int NOT NULL AUTO_INCREMENT,
  `surface` int DEFAULT NULL,
  `floor` int DEFAULT NULL,
  `taxDeclarationId` int DEFAULT NULL,
  PRIMARY KEY (`id`),
) ENGINE=InnoDB AUTO_INCREMENT=5 DEFAULT CHARSET=utf8mb4 COLLATE=utf8mb4_0900_ai_ci;

CREATE TABLE `plots` (
  `id` int NOT NULL AUTO_INCREMENT,
  `surface` int DEFAULT NULL,
  `cultivated` int DEFAULT NULL,
  `withinCityLimits` int DEFAULT NULL,
  `taxDeclarationId` int DEFAULT NULL,
  PRIMARY KEY (`id`),
) ENGINE=InnoDB AUTO_INCREMENT=3 DEFAULT CHARSET=utf8mb4 COLLATE=utf8mb4_0900_ai_ci;

CREATE TABLE `stores` (
  `id` int NOT NULL AUTO_INCREMENT,
  `surface` int DEFAULT NULL,
  `commerciality` int DEFAULT NULL,
  `taxDeclarationId` int DEFAULT NULL,
  PRIMARY KEY (`id`),
) ENGINE=InnoDB AUTO_INCREMENT=4 DEFAULT CHARSET=utf8mb4 COLLATE=utf8mb4_0900_ai_ci;
```

```sql
CREATE TABLE `taxdeclarations` (
  `id` int NOT NULL AUTO_INCREMENT,
  `name` varchar(45) DEFAULT NULL,
  `surname` varchar(45) DEFAULT NULL,
  `vat` varchar(45) DEFAULT NULL,
  `phone` varchar(45) DEFAULT NULL,
  `submissionYear` int DEFAULT NULL,
  PRIMARY KEY (`id`)
) ENGINE=InnoDB AUTO_INCREMENT=14 DEFAULT CHARSET=utf8mb4 COLLATE=utf8mb4_0900_ai_ci;
```

Listing 10-20: SQL code

Ensuite, nous définissons la classe DBService qui dérive de PersistenceService:

```cpp
#include <iostream>
#include <vector>
#include "PersistenceService.h"
#include "TaxDeclaration.h"
#include "Apartment.h"
#include "Store.h"
#include "Plot.h"

#include <mysql/jdbc.h>

#define DEFAULT_URI "tcp://127.0.0.1"
#define EXAMPLE_USER "root"
#define EXAMPLE_PASS "pass"
#define EXAMPLE_DB "tax"

using namespace std;

#ifndef _DB_SERVICE_H
#define _DB_SERVICE_H

class DBService : public PersistenceService
{
  sql::Driver* driver;
  sql::Connection* conn;
  sql::Statement* stmt;

public:
  DBService();
  vector<TaxDeclaration> getTaxDeclarations(string vat, int year);
  void insertTaxDeclaration(TaxDeclaration td);
  void removeTaxDeclaration(TaxDeclaration td);
};

#endif // !_DB_SERVICE_H
```

Listing 10-21: DBService.h

Vous pouvez trouver des instructions sur la configuration d'un projet Visual Studio pour travailler avec MySQL dans l'exercice précédent.

Dans le constructeur, nous créons une nouvelle connexion avec les identifiants de l'utilisateur:

```cpp
#include "DBService.h"

DBService::DBService()
{
  try
  {
    driver = sql::mysql::get_driver_instance();
    conn = driver->connect(DEFAULT_URI, EXAMPLE_USER, EXAMPLE_PASS);
    conn->setSchema(EXAMPLE_DB);
    stmt = conn->createStatement();
    conn->setAutoCommit(false);
  }
  catch (sql::SQLException& e)
  {
    cout << "Could not connect to database. Exiting.." << endl;
    exit(0);
  }
}
```

Listing 10-22: DBService.cpp

La fonction getTaxDeclarations() recherche dans la base de données les déclarations de taxes avec un numéro de TVA spécifique et une année de soumission donnée.:

```cpp
vector<TaxDeclaration> DBService::getTaxDeclarations(string vat = "", int year = 0)
{
  vector<TaxDeclaration> result;
  try
  {
    string query = "SELECT * from TaxDeclarations";
    if (vat != "")
    {
      if (year != 0)
        query += " WHERE vat = '" + vat + "' and submissionYear=" + to_string(year);
      else
        query += " WHERE vat = '" + vat + "' ";
    }
    else
    {
      if (year != 0)
        query += " WHERE submissionYear=" + to_string(year);
    }

    sql::ResultSet* res = stmt->executeQuery(query);
    sql::Statement* newStmt = conn->createStatement();
    sql::Statement* newStmt2 = conn->createStatement();
    while (res->next())
    {
      TaxDeclaration td(res->getInt("id"),
        res->getString("name"),
        res->getString("surname"),
```

```cpp
      res->getString("vat"),
      res->getString("phone"),
      res->getInt("submissionYear"));

    sql::ResultSet* newRes = newStmt->executeQuery(
      "SELECT * from Apartments where taxDeclarationId="
      + to_string(res->getInt("id")));
    while (newRes->next())
    {
      sql::ResultSet* newRes2 = newStmt2->executeQuery(
        "SELECT * from Addresses where propertyId="
        + to_string(newRes->getInt("id")));

      if (newRes2->next())
      {
        Address a(newRes2->getString("street"),
          newRes2->getString("number"),
          newRes2->getString("zip"),
          newRes2->getString("city"));

        Apartment* temp = new Apartment(newRes->getInt("id"),
          newRes->getInt("surface"),
          a,
          newRes->getInt("floor"));

        td.addProperty(temp);
      }
      else
      {
        cout << "error";
        exit(0);
      }
    }

    newRes = newStmt->executeQuery(
      "SELECT * from Stores where taxDeclarationId="
      + to_string(res->getInt("id")));
    while (newRes->next())
    {
      sql::ResultSet* newRes2 = newStmt2->executeQuery(
        "SELECT * from Addresses where propertyId="
        + to_string(newRes->getInt("id")));

      if (newRes2->next())
      {
        Address a(newRes2->getString("street"),
          newRes2->getString("number"),
          newRes2->getString("zip"),
          newRes2->getString("city"));

        Store* temp = new Store(newRes->getInt("id"),
          newRes->getInt("surface"),
          a,
          newRes->getInt("commerciality"));
```

```cpp
          td.addProperty(temp);
        }
        else
        {
          cout << "error";
          exit(0);
        }

      }

      newRes = newStmt->executeQuery(
        "SELECT * from Plots where taxDeclarationId="
        + to_string(res->getInt("id")));
      while (newRes->next())
      {
        sql::ResultSet* newRes2 = newStmt2->executeQuery(
          "SELECT * from Addresses where propertyId="
          + to_string(newRes->getInt("id")));

        if (newRes2->next())
        {
          Address a(newRes2->getString("street"),
            newRes2->getString("number"),
            newRes2->getString("zip"),
            newRes2->getString("city"));

          Plot* temp = new Plot(newRes->getInt("id"),
            newRes->getInt("surface"),
            a,
            newRes->getInt("cultivated"),
            newRes->getInt("withinCityLimits"));

          td.addProperty(temp);
        }
        else
        {
          cout << "error";
          exit(0);
        }

      }
      result.push_back(td);
    }

    return result;
  }
  catch (sql::SQLException& e)
  {
    cout << "Database error. Exiting.." << endl;
    exit(0);
  }
}
```

Listing 10-23: DBService.cpp

La fonction `insertTaxDeclaration()` insère une nouvelle déclaration dans la base de données.:

```cpp
void DBService::insertTaxDeclaration(TaxDeclaration td)
{
  try
  {
    string query =
      "insert into TaxDeclarations(name, surname, vat, phone, submissionYear) values('"
      + td.getName() + "', '" + td.getSurname() + "', '"
      + td.getVat() + "', '" + td.getPhone() + "', "
      + to_string(td.getSubmissionYear()) + ")";

    stmt->executeUpdate(query);

    stmt->execute("SET @lastInsertId = LAST_INSERT_ID()");

    vector<Property*> properties = (*td.getProperties());
    for (int i = 0; i < properties.size(); i++)
    {
      cout << typeid(properties[i]).name() << endl;
      cout << typeid(*(properties[i])).name() << endl;
      if (strstr(typeid(*(properties[i])).name(), "Apartment") != NULL)
      {
        Apartment* temp = (Apartment*)properties[i];
        query = "insert into Apartments(surface, floor, taxDeclarationId) values("
          + to_string(temp->getSurface()) + ", " + to_string(temp->getFloor())
          + ", @lastInsertId)";

        stmt->executeUpdate(query);

        stmt->execute("SET @lastInsertPropertyId = LAST_INSERT_ID()");

        query =
          "insert into Addresses(street, number, zip, city, propertyId) values('"
          + temp->getAddress().getStreet() + "', '"
          + temp->getAddress().getNumber() + "', '"
          + temp->getAddress().getZip() + "', '"
          + temp->getAddress().getCity()
          + "', @lastInsertPropertyId)";

        stmt->executeUpdate(query);
      }
      if (strstr(typeid(*(properties[i])).name(), "Store") != NULL)
      {
        Store* temp = (Store*)properties[i];
        query =
          "insert into Stores(surface, commerciality, taxDeclarationId) values("
          + to_string(temp->getSurface()) + ", "
          + to_string(temp->getCommerciality())
          + ", @lastInsertId)";
```

```cpp
      stmt->executeUpdate(query);

      stmt->execute("SET @lastInsertPropertyId = LAST_INSERT_ID()");

      query =
        "insert into Addresses(street, number, zip, city, propertyId) values('"
        + temp->getAddress().getStreet() + "', '"
        + temp->getAddress().getNumber() + "', '"
        + temp->getAddress().getZip() + "', '"
        + temp->getAddress().getCity()
        + "', @lastInsertPropertyId)";

      stmt->executeUpdate(query);
    }
    if (strstr(typeid(*(properties[i])).name(), "Plot") != NULL)
    {
      Plot* temp = (Plot*)properties[i];
      query =
        "insert into Plots(surface, cultivated, withinCityLimits, taxDeclarationId) values("
        + to_string(temp->getSurface()) + ", "
        + to_string(temp->getCultivated()) + ", "
        + to_string(temp->getWithinCityLimits())
        + ", @lastInsertId)";

      stmt->executeUpdate(query);

      stmt->execute("SET @lastInsertPropertyId = LAST_INSERT_ID()");

      query =
        "insert into Addresses(street, number, zip, city, propertyId) values('"
        + temp->getAddress().getStreet() + "', '"
        + temp->getAddress().getNumber() + "', '"
        + temp->getAddress().getZip() + "', '"
        + temp->getAddress().getCity()
        + "', @lastInsertPropertyId)";

      stmt->executeUpdate(query);
    }
  }
  conn->commit();
}
catch (sql::SQLException& e)
{
  conn->rollback();

  cout << "Database error. Exiting.." << endl;
  exit(0);
}
}
```

Listing 10-24: DBService.cpp

Enfin, la fonction `removeTaxDeclaration()` supprime une déclaration de la base de données (ainsi que toutes les object `Property` et `Address` qui y sont connectées) :

```cpp
void DBService::removeTaxDeclaration(TaxDeclaration td)
{
  try
  {
    string query =
      "delete from Addresses where propertyId in (select id from Apartments where taxDeclarationId = "
      + to_string(td.getId()) + ")";
    stmt->executeUpdate(query);
    query =
      "delete from Apartments where taxDeclarationId = " + to_string(td.getId());
    stmt->executeUpdate(query);

    query =
      "delete from Addresses where propertyId in (select id from Stores where taxDeclarationId = "
      + to_string(td.getId()) + ")";
    stmt->executeUpdate(query);
    query =
      "delete from Stores where taxDeclarationId = " + to_string(td.getId());
    stmt->executeUpdate(query);

    query =
      "delete from Addresses where propertyId in (select id from Plots where taxDeclarationId = "
      + to_string(td.getId()) + ")";
    stmt->executeUpdate(query);
    query =
      "delete from Plots where taxDeclarationId = " + to_string(td.getId());
    stmt->executeUpdate(query);

    query =
      "delete from TaxDeclarations where id = " + to_string(td.getId());
    stmt->executeUpdate(query);
  }
  catch (sql::SQLException& e)
  {
    conn->rollback();

    cout << "Database error. Exiting.." << endl;
    exit(0);
  }
}
```

Listing 10-25: DBService.cpp

Ensuite, nous définissons la classe `FileService`, qui est utilisée pour stocker des données dans un fichier texte:

```cpp
#include <iostream>
#include <fstream>
```

```cpp
#include <string>
#include <sstream>
#include <vector>
#include "TaxDeclaration.h"
#include "PersistenceService.h"
#include "Apartment.h"
#include "Store.h"
#include "Plot.h"

using namespace std;

#ifndef _FILE_SERVICE_H
#define _FILE_SERVICE_H

class FileService : public PersistenceService
{
  string filename;
  vector<TaxDeclaration> declarations;
  void loadFromFile();
  void saveToFile();

public:
  FileService(string filename);
  vector<TaxDeclaration> getTaxDeclarations(string vat, int year);
  void insertTaxDeclaration(TaxDeclaration td);
  void removeTaxDeclaration(TaxDeclaration td);
};

#endif // !_FILE_SERVICE_H
```

Listing 10-26: FileService.h

Dans le constructeur de la classe FileService, nous ouvrons un fichier texte et chargeons toutes les données qu'il contient:

```cpp
#include "FileService.h"

FileService::FileService(string _filename)
{
  filename = _filename;
  loadFromFile();
}
```

Listing 10-27: FileService.cpp

La fonction loadFromFile() est une fonction privée à l'intérieur de la classe et charge les données du fichier texte dans un vecteur d'objets TaxDeclaration:

```cpp
void FileService::loadFromFile()
{
  ifstream ifs(filename);
  string str;
  vector<string> strings;
```

```
    declarations.clear();

    while (getline(ifs, str))
    {
      if (str.find("--") == 0)
      {
        TaxDeclaration td;
        td.deserialize(strings);
        declarations.push_back(td);
        strings.clear();
      }
      else
        strings.push_back(str);
    }
}
```

Listing 10-28: FileService.cpp

Pour charger les données, cette fonction attend un format spécifique du fichier texte. Chaque entrée contient plusieurs lignes. Sur la première ligne, nous trouvons les détails de la déclaration dans le format suivant :

`td|<nom>|<prénom>|<numéro TVA>|<téléphone>|<année de soumission>`

Notez que la ligne commence par le mot "td" et que nous utilisons le caractère de barre verticale comme séparateur.

Ensuite, nous avons une ligne pour chaque propriété incluse dans la déclaration fiscale. Cette ligne aura un format différent selon le type de propriété :

`apartment|<surface>|<étage>|addr|<rue>|<numéro>|<code postal>|<ville>`
`store|<surface>|<commercialité>|addr|<rue>|<numéro>|<code postal>|<ville>`
`plot|<surface>|<dansLesLimitesDeLaVille>|<cultivé>|addr|<rue>|<numéro>|<code postal>|<ville>`

Sur la dernière ligne de chaque entrée, nous avons un couple de tirets (-) qui signifie la fin de la déclaration fiscale.

Nous pourrions également utiliser des méthodes standard pour la représentation des données, telles que XML ou JSON. Nous laissons cela comme exercice au lecteur.

Maintenant, revenons en arrière et voyons comment fonctionne la désérialisation, c'est-à-dire la transformation du texte en objet. La tâche est déléguée à l'objet le plus approprié. D'abord, la fonction `deserialize()` de `TaxDeclaration` est appelée, qui analyse les informations pertinentes (nom, prénom, numéro TVA, téléphone et année de soumission). Ensuite, elle appelle à son tour les fonctions `deserialize()` de chacun des objets `Property`. Cela a du sens, car chaque classe possède toute la connaissance sur la manière d'analyser une chaîne et de créer un nouvel objet.

Lorsqu'il y a un changement dans les données, par exemple lors de la création d'une nouvelle déclaration ou de la suppression d'une existante, nous enregistrons tous les objets `TaxDeclaration` dans le fichier (en écrasant les données existantes dans le fichier). Comme nous l'avons souligné dans un exercice précédent, il n'est pas possible d'insérer ou de supprimer une entrée au milieu d'un fichier texte, nous devons donc en créer un nouveau à partir de zéro.

```cpp
void FileService::saveToFile()
{
  ofstream ofs(filename);

  for (auto it = declarations.begin(); it != declarations.end(); it++)
  {
    ofs << it->serialize();
  }
}
```

Listing 10-29: : FileService.cpp

D'accord, examinons comment les fonctions virtuelles pures sont implémentées ici. Tout d'abord, la fonction `getTaxDeclarations()` :

```cpp
vector<TaxDeclaration> FileService::getTaxDeclarations(string vat = "",
  int submissionYear = 0)
{
  if (vat == "" && submissionYear == 0)
    return declarations;

  vector<TaxDeclaration> ret;
  for (auto iter = declarations.begin(); iter != declarations.end(); iter++)
  {
    if (vat != "")
    {
      if (submissionYear != 0)
      {
        if (iter->getVat() == vat && iter->getSubmissionYear() == submissionYear)
        {
          cout << "Found Tax Declaration.  " << endl;
          ret.push_back(*iter);
        }
      }
      else {
        if (iter->getVat() == vat)
        {
          cout << "Found Tax Declaration.  " << endl;
          ret.push_back(*iter);
        }
      }
    }
    else
    {
      if (submissionYear != 0)
      {
```

```cpp
      if (iter->getSubmissionYear() == submissionYear)
      {
        cout << "Found Tax Declaration.  " << endl;
        ret.push_back(*iter);
      }
    }
  }
  return ret;
}
```

Listing 10-30: FileService.cpp

Dans ce projet, nous utilisons des itérateurs pour naviguer à l'intérieur d'un vecteur. Notez également l'utilisation du type `auto` dans ce projet, une fonctionnalité introduite avec C++11.

Ensuite, la fonction `insertTaxDeclaration()`:

```cpp
void FileService::insertTaxDeclaration(TaxDeclaration td)
{
  declarations.push_back(td);
  saveToFile();
  cout << "Tax declaration added!" << endl;
}
```

Listing 10-31: FileService.cpp

Enfin, voici la fonction `removeTaxDeclaration()`:

```cpp
void FileService::removeTaxDeclaration(TaxDeclaration td)
{
  for (auto iter = declarations.begin(); iter != declarations.end(); iter++)
  {
    if (iter->getVat() == td.getVat() && iter->getSubmissionYear() ==
td.getSubmissionYear())
    {
      iter = declarations.erase(iter);
      break;
    }
  }
  saveToFile();
}
```

Listing 10-32: FileService.cpp

Enfin, une note concernant les paramètres d'identification (ID) des classes `TaxDeclaration` et `Property`. Comme nous utilisons des bases de données, nous avons besoin de champs d'identification dans les tables afin de faire les connexions entre les différentes tables du schéma. Ces valeurs de ID sont définies comme AUTO_INCREMENT et sont attribuées par la base de données. Par conséquent, lorsque nous créons un nouvel objet (par exemple, de type Apartment), nous attribuons une valeur initiale de zéro au champ ID.

Lorsque nous utilisons des fichiers pour le stockage des données, nous ignorons complètement ce paramètre. Autrement dit, nous ne le stockons pas dans le fichier et nous conservons une valeur de zéro pour tous les IDs d'objet.

Vous pouvez trouver ce projet sur GitHub:

https://github.com/htset/cpp_oop_exercises/tree/master/TaxDeclaration

11. PacMan game

Dans cet exercice, nous allons créer un jeu PacMan avec des graphismes basés sur des caractères.

Solution Proposée

PacMan et les fantômes possèdent des caractéristiques similaires: le plus important, leur position dans le labyrinthe. De plus, ils doivent tous deux avoir accès au labyrinthe afin de pouvoir déterminer où ils peuvent se déplacer.

En gardant cela à l'esprit, nous définissons une classe de base appelée `Entity`:

```cpp
#pragma once
#include "Map.h"
#include <iostream>
using namespace std;

class Map;

enum Direction { Up, Right, Down, Left };

class Entity
{
public:
  int x;
  int y;
  Direction direction;
  string type;
  Map* map;

  void move(int newX, int newY);
  virtual void play() = 0;
  virtual void display() = 0;
  virtual string printSymbol() = 0;
};
```

Listing 11-1: Entity.h

Dans cette classe, nous définissons la position (paramètres x et y), la direction dans laquelle l'entité se déplace, son type (`PacMan` ou `Ghost`) et un pointeur vers la carte du labyrinthe. La classe `Entity` définit également une fonction appelée `move()` qui est utilisée pour déplacer une entité à l'intérieur de la carte.

De plus, elle définit trois fonctions virtuelles pures qui seront implémentées dans les classes dérivées (`PacMan` et `Ghost`). La plus importante est `play()`, qui est utilisée pour calculer la prochaine position de l'entité.

Dans *Entity.cpp*, nous avons l'implémentation de la fonction `move()`, qui est commune à toutes les entités:

```cpp
#include "Entity.h"
```

```cpp
void Entity::move(int newX, int newY)
{
  if (newX == x && newY == y)
    cout << "error";
  map->map[newX][newY].entity = map->map[x][y].entity;
  map->map[x][y].entity = NULL;
  x = newX;
  y = newY;
}
```

Listing 11-2 Entity.cpp

Voyons maintenant comment la carte du labyrinthe est organisée:

```cpp
#pragma once
#include "Entity.h"
#include <iostream>
using namespace std;

class Entity;

enum BlockType { Wall, Point, Empty };

class Pair {
public:
  int x;
  int y;

  Pair(int, int);
  Pair();
  int operator==(Pair p);
};

class Block
{
public:
  BlockType type;
  Entity* entity;

  Block(BlockType type);
  Block();
};

class Map
{
public:
  Block map[32][28];
  Map();
  int sizeX = 32;
  int sizeY = 28;
  bool gameActive = true;
  Pair pacmanLocation;
  int pointsLeft;
  void print();
```

```
};
```
Listing 11-3: Map.h

Tout d'abord, nous définissons une classe `Pair` qui sera utile pour gérer les positions dans le labyrinthe.

Ensuite, nous définissons la classe `Block`, qui représente une position dans le labyrinthe. Chaque bloc peut être :

- Un mur
- Un espace avec un point
- Un espace vide

Les entités peuvent se déplacer vers des espaces, qu'ils soient vides ou avec des points. Lorsqu'une entité se déplace vers un bloc, le pointeur de l'entité à l'intérieur de l'objet `Block` sera défini pour pointer vers l'objet de l'entité.

De plus, la classe `Map` définit un tableau de taille fixe d'objets `Block`. Elle gère également la position de l'objet `PacMan` dans le labyrinthe (nous pourrions également l'obtenir en recherchant les blocs un par un, mais cela est coûteux).

L'implémentation de la classe `Pair` est la suivante. Comme nous le verrons plus tard, nous devrons également implémenter l'opérateur d'égalité (`==`):

```
Pair::Pair()
{
  x = 0;
  y = 0;
}

Pair::Pair(int X, int Y)
{
  x = X;
  y = Y;
}

int Pair::operator==(Pair p)
{
  if (x == p.x && y == p.y)
    return true;
  return false;
}
```
Listing 11-4: Map.h

Voici l'implémentation de la classe `Block`:

```
Block::Block(BlockType type)
{
  this->type = type;
}
```

```
Block::Block()
{
  this->type = Empty;
}
```
Listing 11-5: Map.h

Lors de la construction de l'objet Map, nous analysons un tableau de chaînes de caractères qui constituent une représentation textuelle du labyrinthe. Nous suivons également le nombre de points restants dans le jeu:

```
Map::Map()
{
  pointsLeft = 0;
  for (int i = 0; i < 32; i++)
  {
    string line = chart[i];
    for (int j = 0; j < 28; j++)
    {
      map[i][j].entity = NULL;

      if (line[j] == '.')
      {
        map[i][j].type = Point;
        pointsLeft++;
      }
      else if (line[j] == '*')
        map[i][j].type = Wall;
      if (line[j] == ' ')
        map[i][j].type = Empty;
    }
  }

}
```
Listing 11-6: Map.cpp

Voici le tableau:

```
string chart[32] =
{
"***************************",
"*............**............*",
"*.****.*****.**.*****.****.*",
"*.****.*****.**.*****.****.*",
"*.****.*****.**.*****.****.*",
"*..........................*",
"*.****.**.********.**.****.*",
"*.****.**.********.**.****.*",
"*......**....**....**......*",
"******.***** ** *****.******",
"******.***** ** *****.******",
"******.**          **.******",
"******.** ******* **.******",
```

```
"******.** ********.**.******",
"*      .   ********    .     *",
"******.** ********ㆍ**ㆍ******",
"******.** ******** **.******",
"******.**          **.******",
"******.**.********.**.******",
"******.**.********.**.******",
"*.........**..........*",
"*.****.*****.**.*****.****.*",
"*.****.*****.**.*****.****.*",
"*...**..............**...*",
"***.**.**.********.**.**.***",
"***.**.**.********.**.**.***",
"*...**.**....**....**.**...*",
"*......**....**....**......*",
"*.*********.**.*********.*",
"*.*********....*********.*",
"*........................*",
"***************************"
};
```

Listing 11-7: Map.cpp

Les astérisques désignent un mur, tandis que les points représentent des espaces avec des points. Enfin, il y a des espaces vides indiqués par le symbole espace.

Nous complétons l'implémentation de la classe Map avec la fonction print() :

```
void Map::print()
{
  string output;
  system("cls");
  for (int i = 0; i < 32; i++)
  {
    for (int j = 0; j < 28; j++)
    {
      if (map[i][j].entity != NULL)
      {
        output += map[i][j].entity->printSymbol();
      }
      else
      {
        if (map[i][j].type == Wall)
          output += "*";
        else if (map[i][j].type == Point)
          output += ".";
        else if (map[i][j].type == Empty)
          output += " ";
      }
    }
    output += '\n';
  }
  cout << output;
}
```

Listing 11-8: Map.cpp

Cette fonction est appelée à chaque loop et affiche la carte dans la console, ainsi que les entités qui la parcourent.

En parlant du loop, voyons son implémentation dans le fichier *Main.cpp*:

```cpp
#include <chrono>
#include <thread>
#include <Windows.h>
#include "Entity.h"
#include "Map.h"
#include "PacMan.h"
#include "Ghost.h"

int main()
{
  bool exit = false;
  Map game;
  Entity* player[4];
  player[0] = new PacMan(&game, 23, 13);
  game.map[23][13].entity = player[0];
  game.pacmanLocation = Pair(23, 13);

  player[1] = new Ghost(&game, 5, 5);
  game.map[5][5].entity = player[1];

  player[2] = new Ghost(&game, 5, 20);
  game.map[5][20].entity = player[2];

  player[3] = new Ghost(&game, 8, 5);
  game.map[8][5].entity = player[3];

  int counter = 0;
  while (game.gameActive == true && exit != true)
  {
    if (GetAsyncKeyState(VK_UP) & 0x8000)
      player[0]->direction = Up;
    if (GetAsyncKeyState(VK_RIGHT) & 0x8000)
      player[0]->direction = Right;
    if (GetAsyncKeyState(VK_DOWN) & 0x8000)
      player[0]->direction = Down;
    if (GetAsyncKeyState(VK_LEFT) & 0x8000)
      player[0]->direction = Left;

    if (GetKeyState(VK_SPACE) & 0x8000)
    {
      exit = true;
    }
    this_thread::sleep_for(20ms);

    if (counter++ > 10)
    {
```

```
      counter = 0;
      for (int i = 0; i < 4; i++)
        player[i]->play();

      game.print();
    }
  }
}
```

Listing 11-9 Main.cpp

Dans la fonction `main()`, nous commençons par créer le labyrinthe, ainsi qu'un objet `PacMan` et trois objets `Ghost`. Notez que dans leurs constructeurs, nous passons un pointeur vers l'objet `Map`, car les entités auront besoin d'accéder au labyrinthe pour calculer leurs déplacements.

Les entités nouvellement créées sont également placées sur la carte. Cela signifie que nous avons une relation bidirectionnelle entre la carte et les entités, car chaque objet possède un pointeur vers l'autre.

Après la configuration du jeu, nous démarrons le loop principal. L'application dort pendant 20 ms à chaque itération, puis vérifie dans la console si l'utilisateur a appuyé sur l'une des touches fléchées. Dans ce cas, nous mettons à jour la direction de l'entité `PacMan` (`PacMan` se déplace dans une direction jusqu'à ce qu'il rencontre un mur; alors il s'arrête).

Après 10 itérations du loop, chaque entité effectue son déplacement. En utilisant le polymorphisme, nous appelons la fonction `play()` de l'objet respectif, un par un. Enfin, nous imprimons la nouvelle version de la carte telle qu'elle a été mise à jour après les déplacements.

La raison des courts intervalles de chaque itération (20 ms) est que nous voulons que le jeu réagisse rapidement aux entrées de l'utilisateur. Des temps d'attente plus longs ne permettraient pas au jeu de détecter correctement la touche pressée par l'utilisateur.

Maintenant, voyons la définition de la classe `PacMan`:

```cpp
#pragma once
#include <iostream>
#include <vector>
#include <algorithm>
#include "Entity.h"
#include "Map.h"

using namespace std;

class PacMan : public Entity
{
public:
  PacMan(Map* map, int x, int y);
  void play();
```

```cpp
    void display();
    string printSymbol();
};
```

Listing 11-10: PacMan.h

Voici l'implémentation:

```cpp
#include "PacMan.h"

PacMan::PacMan(Map* map, int x, int y)
{
    this->map = map;
    this->type = "pacman";
    this->x = x;
    this->y = y;
}

void PacMan::play()
{
    vector<Pair> candidateBlocks;
    for (int i = x - 1; i <= x + 1; i++)
        for (int j = y - 1; j <= y + 1; j++)
        {
            if (i >= 0 && i < map->sizeX
                && j >= 0 && j < map->sizeY
                && !(i == x && j == y)
                && map->map[i][j].type != Wall)
            {
                candidateBlocks.push_back(Pair(i, j));
            }
        }

    if (direction == Up
        && count(candidateBlocks.begin(), candidateBlocks.end(), Pair(x - 1, y)))
    {
        move(x - 1, y);
    }
    else if (direction == Right
        && count(candidateBlocks.begin(), candidateBlocks.end(), Pair(x, y + 1)))
    {
        move(x, y + 1);
    }
    else if (direction == Down
        && count(candidateBlocks.begin(), candidateBlocks.end(), Pair(x + 1, y)))
    {
        move(x + 1, y);
    }
    else if (direction == Left
        && count(candidateBlocks.begin(), candidateBlocks.end(), Pair(x, y - 1)))
    {
        move(x, y - 1);
    }
    map->pacmanLocation.x = x;
    map->pacmanLocation.y = y;
```

```cpp
    if (map->map[x][y].type == Point)
    {
      map->map[x][y].type = Empty;
      map->pointsLeft--;
      if (map->pointsLeft == 0)
        map->gameActive = false;
    }}
void PacMan::display()
{
  cout << "PacMan: (" << x << ", " << y << ")" << endl;
}

string PacMan::printSymbol()
{
  return "C";
}
```

Listing 11-11: PacMan.cpp

L'essentiel réside dans l'implémentation de la fonction `play()`. Tout d'abord, nous recherchons tous les blocs voisins vers lesquels PacMan peut se déplacer (qui ne sont pas des murs en fait) et nous les plaçons dans un vecteur de blocs candidats.

Ensuite, en fonction de la direction sélectionnée par l'utilisateur (à l'aide des touches fléchées), nous déplaçons PacMan vers le bloc correspondant, s'il est disponible. Déplacer PacMan dans un bloc signifie également mettre à jour la carte avec la position de PacMan, ainsi que l'élimination du point (s'il y en a un) dans ce bloc. Cette dernière action est réalisée en changeant le type du bloc en Empty (vide) et en réduisant d'un le nombre de points restants dans le jeu. Si les points atteignent zéro, alors le jeu prend fin.

Notez également la fonction `printSymbol()` qui est utilisée pour afficher le symbole de PacMan dans le labyrinthe. Celle-ci est également appelée par polymorphisme lorsque nous imprimons toute la carte, bloc par bloc.

Maintenant, passons à la définition du Ghost:

```cpp
#pragma once
#include <iostream>
#include <vector>
#include <algorithm>
#include "Entity.h"
#include "Map.h"

using namespace std;

class Ghost : public Entity
{
public:
  Ghost(Map* map, int x, int y);
  void play();
```

```
  void display();
  string printSymbol();
};
```

Listing 11-12: Ghost.h

La définition est très similaire à celle de PacMan. L'implémentation est la suivante:

```
#include "Ghost.h"
Ghost::Ghost(Map* map, int x, int y)
{
  this->map = map;
  this->type = "ghost";
  this->x = x;
  this->y = y;
}

void Ghost::play()
{
  vector<Pair> candidateBlocks;
  vector<float> distanceToPacman;
  for (int i = x - 1; i <= x + 1; i++)
    for (int j = y - 1; j <= y + 1; j++)
    {
      if (i >= 0 && i < map->sizeX
        && j >= 0 && j < map->sizeY
        && !(i == x && j == y)
        && map->map[i][j].type != Wall)
      {
        candidateBlocks.push_back(Pair(i, j));
        distanceToPacman
          .push_back(
            sqrt(pow(i - map->pacmanLocation.x, 2)
              + pow(j - map->pacmanLocation.y, 2)));
      }
    }

  int minDistanceIndex = distance(distanceToPacman.begin(),
    min_element(distanceToPacman.begin(), distanceToPacman.end()));

  if (map->
    map[candidateBlocks[minDistanceIndex].x][candidateBlocks[minDistanceIndex].y]
    .entity != NULL)
  {
    //move only if pacman is there
    if (map->
      map[candidateBlocks[minDistanceIndex].x][candidateBlocks[minDistanceIndex].y]
      .entity->type == "pacman")
    {
      //eat pacman
      map->
        map[candidateBlocks[minDistanceIndex].x][candidateBlocks[minDistanceIndex].y]
        .entity = NULL;
      map->gameActive = false;
      move(candidateBlocks[minDistanceIndex].x, candidateBlocks[minDistanceIndex].y);
```

```cpp
      }
    }
    else
    {
      move(candidateBlocks[minDistanceIndex].x, candidateBlocks[minDistanceIndex].y);
    }
}

void Ghost::display()
{
  cout << "Ghost: (" << x << ", " << y << ")" << endl;
}

string Ghost::printSymbol()
{
  return "A";
}
```

Listing 11-13: Ghost.cpp

Dans la fonction `play()`, nous trouvons à nouveau les blocs voisins candidats pour un déplacement. De plus, nous calculons un tableau des distances en ligne droite de chaque position candidate par rapport à l'entité `PacMan`.

Nous utilisons les fonctions `distance()` et `min_element()` pour trouver l'indice dans le vecteur `distanceToPacman` qui contient la `Pair` avec l'emplacement le plus proche. C'est là que l'opérateur d'égalité (`==`) de la classe `Pair` est nécessaire.

Ensuite, le `Ghost` se déplacera vers le bloc le plus proche de `PacMan`, dans le but de s'en rapprocher.

Un `Ghost` ne peut pas se déplacer dans un bloc où se trouve un autre `Ghost`, mais il peut se déplacer dans le bloc où se trouve `PacMan`. Dans ce cas, `PacMan` est mangé par le `Ghost` et le jeu se termine.

Ce jeu a définitivement beaucoup plus à offrir. Par exemple, nous devons implémenter le changement de mode où `PacMan` commence à poursuivre les `Ghosts` pendant une courte période. Une amélioration majeure consisterait à introduire des graphismes, ce qui rendrait certainement le jeu plus attrayant et performant.

Vous pouvez trouver ce projet sur GitHub:

https://github.com/htset/cpp_oop_exercises/tree/master/PacMan